书太多了

增订版

吕叔湘 著

上海文艺出版社

编者前言：节制的美德

1954年新中国的第一部宪法制订时，参与者不仅有众多的法学专家，还有几位语言学家，吕叔湘就是其中之一。当时吕叔湘与胡绳、叶圣陶一起为宪法修正文辞，在无形中充当了"立法者"的角色。

晚年吕叔湘先生在给外孙吕大年的信中说："对于你当前学习上遇到的问题，我以为只要守住两句话：一句是'要尽其在我'，另一句是'要能拿得起，放得下'。'要尽其在我'这是当然之理，但很容易流于'我非要！'这就要吃苦头了。所以不光是要能'拿得起'，还要能'放得下'。'我非要'就是《论语》所说'子绝四：毋意，毋必，毋固，毋我'里边的'必'和'固'。也就是佛教所谓'执着'，是修行的大忌。什么事情都应该恰到好处（做菜也要讲究火候），就是希腊人所说的 moderation，跟 moderation 相反的是 excess，凡是'过火'的东西都是不祥之物，是要触动 Zeus，给予惩罚的（这是希腊悲剧的主导思想）。这个道理不但是你目前需要它，一辈子都需要它。很多非常聪明的人坏在'我非要'上。"这大约是吕叔湘一生的经验之谈——"我为"而非"为我",这就需要中和冲淡的精神。Moderation 也就是德尔菲的神谕:毋过度。东方的美德、佛陀的教诲与希腊的神谕在这个中国人的身上的结合是如此的和谐与自然。细读吕文,在"毋过度"的日神精神光环下,我们会发现一种昂扬多彩的酒神精神;在单调平缓的叙述中,蕴含着惊心动魄的波澜壮丽。这种节制而不呆板的特点就是礼乐精神的一种体现,并且贯穿于吕叔湘各时期的著作中,从一个侧面展现着他多姿多彩的思想谱系。有了这种节制的精神,吕叔湘就具备了文辞之外的"立法者"的资格,而我们编选的这本书,正从各个侧面体现了他的这种精神。

我们把选辑的这本书分为三个部分。第一部分叫做"书太多了",收录的是吕叔湘先生的杂文。虽年事已高,事务繁杂,吕老依然读书笔耕不辍,并用陆放翁诗自勉:"从今倘未死,一日亦当勤"。未晚斋大约也是取"东隅已逝,桑榆非晚"之意。他自己说:"有些事情,像阿拉伯文或者迪斯科舞什么的,学起来太晚了,至于读点有益的书,做点有益的事情,应该没有太晚的时候吧,于是题为未晚斋。"吕先生写文章特喜转述别人的著述,所以有人讥讽他的文章写得"不三不四"。但是选择、转引本身难道不是一种创造吗?

晚年,他在给外孙的信中说:"1937年中秋节的时候中日战争已经蔓延到上海,我们在国外过节很不是滋味。我那时身边有一本我译的《文明与野蛮》,拿出来送给向达,在扉页上题了一首七绝：'文野原来未易言，神州今夕是何年！敦煌卷子红楼梦，一例逃禅剧可怜。'第三句指向达正在不列颠博物馆检阅敦煌卷子，我正在研究《红楼梦》语法，觉得这些事情对抗战毫无用处。"欧风美雨的沐浴，仍旧洗不去心中古远的黍离之叹、鸡鸣之声，在这位语言学家看来，或许言辞之上的城邦还是比言辞本身更为重要。

因了上面的揣测，我们把吕叔湘先生的杂文放在了文集的前面，把其中对文明社会思考的文章放在了最前面。语言学家探讨人类学、社会学问题，在现代分工日益细密的时代里，总有些"思出其位"的嫌疑。但我们要知道，吕叔湘去牛津学的正是人类学，况且他们那一代人既接受了"子曰诗云"的熏陶、"民主科学"的劝化，又逢家国巨变和各种政治运动，诸如此类文明之种种成就，都不可能不使一个有理智的人重新审思我们和我们以前时代"文明之真正历史"。

文明瑕瑜互见、繁复多样，作为文明载体之一的书籍报章自然也是如此。吕先生对于书籍的态度绝对是别具一格的。一个勤奋的学者多有买书藏书的癖好，吕叔湘也不例外。但他的买书藏书却有些特别，藏书并不是很多，且多是40年代以前的外文书，用他自己的话说就是"不今不古，有西无中"。别人嫌书少，他却怨书太多了；别人努力买书、藏书，他却要毁书、卖书。千百年来出版了无数的书，现在每年还在大量增加，我们该如何面对这浩如烟海的书籍呢？这对于知识爆炸时代的我们更是一个难题。有人干脆不读，有人厚此薄彼，有人随大溜，有人来者不拒，但吕先生的态度很老实：能读多少读多少，想读多少读多少，不要跟自己过不去，也不要跟书过不去。就文学而言，文学有两大用处：主要的用处是引起并满足人们对生活更敏锐的感受；较肤浅的用处是在社交场所提供谈助。所以，不要抱着一种竞赛的心理去读书，因为虽然竞争是做生意的命根子，却也是破坏社交及其艺术的毒药。生活中最好的东西的繁荣，有赖于共享而不是垄断。

在他看来，文明的进步、文化的繁荣需要多样性，但读书却更需要节制，未必"开卷有益"、"多多益善"，"能读多少读多少，想读多少读多少"也不是随意乱读。正如列奥·施特劳斯所言，生命太短暂了，以至于我们只能与最伟大的书在一起，聆听那些最伟大的灵魂的絮语。没有审慎的态度和节制的精神，我们怎么保证不被信息的汪洋瞬间淹没呢？以从容不迫之心态阅读最伟大心灵的最伟大的书籍，也许正是我们时代的求学者最需要的。

第二部分我们定名为"语文常谈"。海德格尔有句名言："语言是存在的家。"不同的地域、不同的时代、不同的民族都有形式多样、独具特色的语言风格，这种语言风格反映时代的风貌又反作用于时代。正是由于语言具有这样一种多样性和流动性，反而使得很多人对于时时刻刻都在使用着的语言和文字没有一个明晰的认识。这就像吕叔湘在《语文常谈》的序里所言："说起来也奇怪，越是人人熟悉的事情，越是容易认识不清，吃饭睡觉是这样，语言文字也是这样。"有人认为文章与语言是平行的，谁也不依赖谁；还有人说"中国话"是就是没有"文法"，历代文学家都不知道什么叫"文法"却写出好文章。

对于上述诸种观点，作为语言学家的吕叔湘仍然坚持以审慎节制的精神对待语言、思维与社会历史交织纠葛互动的流变，在保持语言丰富历史文化内涵的同时，以规范的语法格式和标准构筑约束语言思维长河的堤岸，引导它安步而前。在他看来，如果没有了这种克制与约束，语言的河流很快就会溃陷为芜草丛生的泥淖水潦。

作为一个老资格的教师、语言学家和编辑，吕叔湘对于学文、作文与"咬文"之道是很有心得的。他在《学文杂感》中说："主要是看好文章。不要囫囵吞枣，要细细咀嚼，自然会嚼出道理来。"读好文章本身就是一种选择、一种节制，细细咀嚼、慢慢品味则是耐心上的克制，学文没有了这种"单纯的执着"，必然会陷入语言文字的五里雾中寻不出方向。他还提出好文章是改出来的，晚改不如早改。这里面是没有什么技巧和捷径的，只能多流汗、下苦工夫，否则"作者不流汗就要读者流汗"。文章的修改编辑本身就是一种重新选择、重新阅读、重新写作，所以对于文章的"第二作者"编辑，吕叔湘也有很高的要求，希望他们能够大下工夫，打好基本功，具备较高的学养，以细致谨慎的态度，多动脑筋、善于质疑，以至于字字落实，咬文嚼字。作为语言学家，咬文嚼字是吕叔湘先生的本行。学文是咬文的前提，学文之后，方能咬文。国有国法，文有文法，引导作者按照语言文字与修辞的规范中展现文学与生活的五彩缤纷可以说是语言学家的一大使命。一直以来就有人轻视语言的语法修辞和文字范式，认为是壮夫不为的雕虫小技，以致于现在大街小巷、电视报刊错字连篇病句盈目。文学本是"经国之大业"，运用不当，一字之差就看能误国害命；从小处说也可能混淆题旨，贻笑大方。对于许多人不屑一顾的文辞句法，吕叔湘先生却发扬"能贱"的精神，遇到报刊书信和翻译中的语句讹误、格式错误、假大空话非要一一列举出来，把糊涂账算清楚。至于他做的有什么价值，只要我们读读他的几篇"叫汁儿"的文章就知道了。

吕叔湘先生在改行研究汉语前，教授英语多年，他大学主修西洋文学，毕业后教中学英语，后考江苏省公派留学往牛津学图书馆学，两年后回国赴云南大学，又是教英语。全集收译著就有四卷，叶圣陶先生诗赞："并臻信达兼今雅，译事群钦夙擅场"。这辑里我们也选了他谈翻译与学英语的文字，今天读来这些教示丝毫不减其效力。

第三部分是"论学忆往"。吕叔湘先生的一生几乎与20世纪相始终，在他漫长的生命历程中自然会结识不少名人，但他的性格节制内向，自言从小胆小怕事，不爱与人交往，所以回忆故旧的文章自然就少，大多是八十岁以后所作。即使这一鳞半爪的文章他也惜墨如金，感觉刚刚开头就煞了尾。在这屈指可数的几篇文章中，也大多是铺叙式的文字，如记家常，绝少热烈的情绪显露。他是如此恪守太阳神"毋过度"的神谕，以至吝啬到"忘情"的地步。但细读这些回忆，我们却会发现这并非圣人的"忘情",更不是最下的"不及情",而是"情之所钟,正在我辈"。只不过这种情感被含蓄克制的美德所掩饰,非得反复咀嚼,否则绝不能从平静的海面体会到洋底的汹涌澎湃。在《回忆和佩弦先生的交往》一文结尾,他说:"我于1950年2月到清华,住在北院,佩弦先生旧居近在咫尺,夫人和子女还住在里面,两家常有往来,佩弦先生所用书桌书柜都保存原状,见了不胜人琴之感。"一句"不胜人琴之感"看似轻巧,但其中所包含的非凡的克制和深沉的情致,却足以让人揣摩良久。

甚至对自己的往事,吕叔湘先生也没有用专门的笔墨描述,如果不是有他给外孙吕大年的几封信,我们只能去"道听途说"了。本来吕叔湘不愿意写回忆录,这倒不是出于老年人的恐惧,而是因为自己"这一生平平淡淡,没有什么值得别人知道的事情,何必浪费纸张笔墨"。1985年,他的外孙吕大年到美国留学,在给吕叔湘的信中谈到,"我习惯于以自己为中心,要求他人为自己服务……把自己认为世界应该是怎样的一副图景强加在客观环境上"。这样的思想倾向在当今的青少年乃至成年人身上尤为普遍,这种自我的无限膨胀无疑引起了吕叔湘的忧虑,他在回信中谈到前文所引的一段话:做人做事既要保持自我的个性,又要自我克制,毋执毋我,努力达到一种"恰到好处"的平衡。老马识途,长寿老人的经验是家族的一种财富,"这一生是怎么走过来的,讲给家里的晚辈听,也还不是毫无意义"。所以吕叔湘的这几封信与其说是回忆录,不如说是以己为鉴对后代的谆谆教诲。他从自己的家世一直写到上世纪40年代,文笔依旧是波澜不惊,在轻缓的叙述中阐发着一位老者的人生哲学。

  杂文也好,咬嚼文字也好,回忆故人往事也好,这些文章都贯穿着吕文不变的清淡风格,节制,却也有张有弛。毋庸置疑,这种宽容节制的人生哲学对于现在的人们不失为一味清凉剂。而我们把这本小书取名为"书太多了",不觉间暗合了这种让人心怡的"节制"精神。

刘广

目 录

编者前言：节制的美德　　　　　　　　　　　　　　i

书太多了

《未晚斋杂览》小引　　　　　　　　　　　　　003
霭理斯论塔布及其他　　　　　　　　　　　　　006
赫胥黎和救世军　　　　　　　　　　　　　　　018
葛德文其人　　　　　　　　　　　　　　　　　033
李尔和他的谐趣诗　　　　　　　　　　　　　　040
第二梦　　　　　　　　　　　　　　　　　　　052
书太多了　　　　　　　　　　　　　　　　　　065
买书·卖书·搬书　　　　　　　　　　　　　　074
《文明与野蛮》译者序　　　　　　　　　　　　081
《文明与野蛮》重印后记　　　　　　　　　　　085
编辑的修养　　　　　　　　　　　　　　　　　089
关于中学生与文艺　　　　　　　　　　　　　　099
谈谈学理学文的问题　　　　　　　　　　　　　102

语文常谈

《语文常谈》序	107
语言和文字	109
意内言外	118
从文言到白话	131
文学和语言的关系	137
文风问题杂感	141
从改诗的笑话说起	167
诗句的次序	169
莫须有	171
一不作，二不休	175
绿帽子的来源与产地	178
剪不断，理还乱——汉字汉文里的糊涂账	181
咬文嚼字	187
学文杂感	191
给一位青年同志的信	193
说"达"	200
翻译工作和"杂学"	204
由"rose"译为"玫瑰"引起的感想	210
中国人学英语——原理和方法	213

论学忆往

读书忆旧 229

北京图书馆忆旧 233

《汉语大词典》的回顾与前瞻 236

记寓居牛津二三事 250

回忆和佩弦先生的交往 253

纪念浦江清先生 256

悼念王力教授 263

怀念圣陶先生 267

忆刘北茂 275

我的简单回忆——致外孙吕大年 279

书太多了

《未晚斋杂览》小引

从中学时代起,我就爱乱翻书。读大学的时候开始学着聚书,十多年之后,渐渐地满了五六个书柜。我买书只管对我有用,或是我喜欢,不讲究版本罕见或是装帧精美。可也有不期然而然地成为珍品的,例如初版的《呐喊》、《彷徨》,全套的《语丝》。可是"俱往矣",都让日本侵略者的炮火给毁了。从此灰心,决计不再聚书。同时,挣的钱渐渐地连吃饭也不太够,住家又搬来搬去,哪还有条件藏书?

解放以后,生活安定了,可是工作烦杂,顾不上看闲书,更没有逛旧书店的闲情逸致。这以后,赶上"文化大革命"的三部曲。一,"牛棚",二,"干校",看书,除了《语录》和《人民日报》,都是"犯错误"。到了三,"解放",那倒是清闲了,除了内心深处。业务,有时候让干,有时候不让;不管让不让,自己不想干,知道将来还用不用得上呢!这就得找些可以一看的东西来"宰时间"。琉璃厂去过几回就不再去了。第一,当时的规矩,好书放在里屋,不是部长级不让进;第二,这里边的书的标价让你张不开嘴；第三，线装书占地方，不是寒斋所敢延纳。这样就转移目标到西文旧书店。一个月去一两回，一回拿回来少则三四本，多则七八本，价钱公道，多半在一块二毛到两块之间，可说是惠而不费。一晃就是六七年，居然塞满了两个书柜。当然，多数是常见的普及本诗文集和小说，可是因为当初在学校里读书要赶时间，不想取巧也得取巧，现在重新咀嚼咀嚼也颇有滋味。也有一些各式各样的"杂书"，有曾经闻名的，更多的却是连作者带书名都生疏，抱着试试看的心情买回来的。在这些杂书里边很有些不太有名而颇有点意思，可以作为闲谈之一助。《读书》的编者多次要我给写点什么，我是一再推辞，后来他不再提起，大概是不存希望了，可我倒想试巴试巴了。先得声明，我这些"杂览"用得上八个字，叫做"不今不古，有西无中"。有西无中的原因，头里已经说了。为什么又不今不古呢？不古是因为一谈到古典著作就免不了要参考前人的论述，我离队太久，赶不上了。并且当今之世，除了莎士比亚，别的古人似乎也很少有人感兴趣。至于不今，是因为我没有机会看到当代的著作，严格说是我太懒，不去向人家借，或者上图书馆去找，目光局限于自己的书柜，而这些书很少是 40 年代以后出版的。

还得说一说"未晚斋"。四十年前我曾经写过几篇杂览性质的文字，有位教授先生说，此人不务正业，写些不三不四的文章。此后我就给这类文字加上"彡斋杂览"的副题，"彡"者不三不四之谓也。有朋友看见这个怪字，问我何所取意，我笑而不答。现在无须跟人赌气,这个斋名儿用不上了。改个什么名字好呢?年纪大了,有些事情,像阿拉伯文或者迪斯科舞什么的,学起来太晚了,至于读点有益的书,做点有益的事情,应该没有太晚的时候吧,于是题为未晚斋。至于这些"杂览"都是否符合"未晚"的要求,有资格回答这个问题的理所当然的应该是读者而不是作者。是为引。

1985年新春试笔

霭理斯论塔布及其他

　　这一篇杂览原来题为《霭理斯的被忘却的一面》。为什么取这么个题目呢？因为几年前他的《性心理学》中文译本新版问世之后，有那么短短的一个时期几乎是"满城争说霭理斯"。其实霭理斯不仅仅是一位性心理的研究者，他也是一位思想家、评论家，从19世纪末年到二次大战前夕，写了不少评论思想、生活和历史人物的文章。在中国，周作人在文章里引用过他的一段话，可是似乎没有人对他做过专门介绍。于是大家只知道他是性心理学专家，连15版的《不列颠百科全书》里也只着重谈他这方面的著作，说是当其中的第一本即《性的颠倒》1897年出版时被控告，法官判为借科学之名出售肮脏东西，因而其后的6本都是在美国出版的。至于他的各种评论文章则一笔带过。

　　近来得到一本他的论文选集，共收文章15篇，短篇随笔几十篇，是《人人丛书》的第930种。据书的护封上的说明，这些文章是他亲自选的。书是1936年出版的，他自己在1939年7月8日去世，没有赶上听到希特勒的飞机轰炸波兰的消息，这是他的幸运。

我原来的打算是在这 15 篇文章里边挑那么三四篇或者两三篇，撮要介绍。我首先看中的是 15 篇里边最后的一篇，《塔布的作用》，于是就着手撮译，可是因为这篇文章讲得顺理成章，很不容易压缩，不知不觉地占用了很多篇幅，不可能再介绍别的文章了。只能在末了的几十段随笔里挑选几篇能反映他的思想境界的，作为补充。于是把题目也改了。

《塔布的作用》这篇文章之妙在于剥去"塔布"的神秘色彩。"塔布"只是"这件事做不得"的意思，每个社会都有它的塔布，并且非有不可，但是塔布不是一成不变，是慢慢地在那儿变动的。这篇文章非常通情达理，最好全译出来，可是登在《读书》上就太长了，只能撮叙兼节译。

塔布之所以显得神秘，是因为人们不知道为什么会有这种禁忌，于是胡乱编造理由。比如有的鸟见人就飞走，并不是生性如此。当人们初次进入南太平洋无人居住的岛上时，那儿的鸟是不把人当塔布的。后来人们滥行捕捉，于是人便成了那些岛上的鸟类的塔布了。未必那些鸟类都知道为什么见人就得飞远些；它们如果有了像人类所有的那种会胡思乱想的脑筋，它们也会编出种种不相干的理由来。

人类的塔布也是为了适应环境的一种传统。在不列颠群岛，男人女人赤身露体在外面行走是塔布。可是并非一直这么严格。17 世纪中，在爱尔兰的某些地方，上等人家的妇女也可以不穿衣服在街上行走，这有 Fynes Moryon 的书为证；同一时期,甚至在伦敦的大街上,有时候也有满不在乎的人光着脊梁露着腿在街上走,这有 Pepys 的日记为证。看来这个塔布现在又有点儿在开始动摇了。塔布这东西是常常会在"许"和"不许"之间的门坎儿上来回摇晃的。

有些头脑简单的人说历史遗留下来古董,咱们完全有本事把它们扔了。稍微想一想就会明白,它们是如此之多并且如此深入人心,你要随意把它们一脚踢开,你会感到极大的不便,甚至社会解体。比如说,私有财产这东西,从新石器时代甚至更早就是人类社会的一个重要因素,可是如果没有不许偷别人的东西这个塔布,私有财产还能存在吗?法律和警察可以跟破坏这个塔布的人作斗争,可是他们的力量有限;没有这个塔布,他们完全束手无策,咱们每个人每天都有偷窃的机会,他们管得过来吗?

生活的成为可能,因为我们知道,不管我们走到哪儿,我们遇到的人绝大多数是受制于几乎出于本能的一个塔布网。我们知道,他们为自己保留什么自由、什么权利,一定也给予我们同样的自由、同样的权利。如果我们排队等上车,我们知道不会有人插到我的前边去;如果我们把手提包放在一个座位上,我们知道不会有人把它扔在一边,自己坐下;如果他们需要大便或小便,他们不会当着我们的面这样做。不需要什么法律或规定——即使有这种东西——来制止他们。几乎近似本能的塔布不允许他们这样做。

一个新的塔布的兴起可以拿人们对于酗酒的态度的变化做

例子。在上等社会里，酗酒作为一种显明的社会现象，在19世纪初年消失了。在18世纪，像皮特这样的大政治家也居然会走到议长席的后面去把酗酒的结果呕吐一番；绅士阶层的人们进餐，在女士们退席之后，先生们会尽情地喝，喝得醉倒在桌子底下。平民阶层的改变要晚些，可是谁要是还记得50年前的伦敦的话，准能拿街头巷尾当时常见而现在罕见的醉人做个比较。这也反映在公安局里被处罚的记录里；拿1928年跟1905年比较，23年之中受处罚的人数下降73%。现在的年轻人跟他们的父辈的处境不同了，他们不需要到小酒店里去消磨时光。他换上一套漂亮的衣服，换上一双锃亮的皮鞋，陪他的女朋友上电影院、跳舞厅或者别的什么娱乐场所；她穿着入时，他也不能落后呀。现在的年轻人跟上一代人不一样了，他有了足够的自尊心，觉得让人看见他醉醺醺很不光彩。换句话说，一个新的塔布诞生了。

我们今天的社会的整个趋势是增加和加强那些让个人在文明环境之中的自由活动。都市生活带来的种种集体活动，都是为了方便大家而不是为了方便个人。要享受这些好处就要求有一系列塔布，或者自然形成，或者经过一番努力。只有这样，种种文化设施，图书馆、博物馆、音乐厅、电影院、公园、草地、喷水池，才能大家享受。那些不能自觉遵守这些塔布的人是与社会为敌的个人，把这些人撵走是对大家有益的。因为虽然有些塔布已经变成成文的法规，可是不可能有那么庞大的执法队伍来执行，如果没有整个社会的遵守塔布的习惯做后盾。

认识了遵守塔布这种习惯的永久性以及新的塔布的不断产生，就能让我们冷静地对待那些过时的塔布的消失。这个过程是不断地在那儿进行，近年来似乎更加迅速。这些变化是一个现实，不管你喜欢不喜欢，你不得不接受。

跟妇女有关的一系列变化——最最引起人们大声疾呼的非议的那些塔布崩溃——只是一个单一的运动的结果，那就是使妇女成为男人的平等的伴侣。按中世纪的理论，妇女或者在男人之上，或者在男人之下；Eileen Power 女士说得好，女人是两面人：她的一面是圣玛利，耶稣的母亲，人们的救主，另外的一面是夏娃，男人的诱惑者，他的一切灾难的根子。到了19世纪，这理论已经是个空壳子，然而还有一定的势力，尽管新的观念已经在那里蠢动，就要破壳而出。

按照这新的观念，她不再是天使兼魔鬼，她是跟男人有同样社会地位的伴侣，无论是在工作上还是在交往上，也许甚至在性的交往上。

两性的交往使得关于两性的知识，也就是性教育，成为必要。然而道路是曲折的。最初的缺口是从性病上打开。在我们年轻的时候，梅毒这个字眼是不能随便说出口的。关于性病的忌讳随着"公共卫生"这个有组织的运动的展开而逐渐开禁。经过这样的曲折的道路终于到达某种"性教育"的概念。可是很明显，如果把性教育仅仅理解为涉及性病预防的知识，那是非常不够并且难免有时候引起不良后果的。这样才逐渐出现更加全面的性教育的问题。现在各国都已经或多或少系统地进行性的教育。在苏联，有些地方已经进行得非常彻底，借助电影表明性生活各个方面。德国早就是性科学的中心，也大量利用电影。即使是在最保守、清教徒色彩最浓厚的国家，一般也都承认关于两性的知识有进行教育的需要，在有些地方小心谨慎地进行，虽然它的意义还没有得到广泛的承认。

然而单单这方面的革新就表示了塔布的威力的巨大变化。直到最近以前，文明世界里所有塔布之中没有比讳言与性有关的塔布更强有力的了。它的所以如此顽强是因为它是文明人从野蛮祖先传下来的塔布之一，并且在传递的过程中得到了加强。在圣经的前几卷里，"脚"并不是我们所理解的那一部分身体，而且直到我的童年时代，人家还告诉我在美国是不许说"腿"，要用"肢"来代替的呢。可是不要以为这个塔布现在已经彻底摧毁。没有这么容易。很多人已经心里不信服，可是在行动上依然如故，也就是说本能地觉得肮脏。因而不愿意把这方面的事情说给孩子们。只有做父母的不仅仅是已经理智上信服，并且已经经过宗教家称之为"心之改变"那样的变化，才能把这件事做好。而这种"心之改变"是只有在幼年就发生才能真正有用。因而即使在今天也还是让下一代走上一代的老路，那个恶性循环是依然如故。然而毫无疑问，事情在慢慢地变化，科学和文艺都在发挥作用。

生活。我们今天所过的生活，跟已往的生活比起来，是更加高度社会化了，更加"标准化"了。世界变小了，人变多了，大家挤挤碰碰的机会更多了，我们不得不采取各种措施来避免摩擦，使我们能在异常狭小的范围之内容许最大限度的互不干扰。旧的、传统的社会塔布已经过时了，不适用了，新的法律、新的条例正在被发疯似的制定和颁布，一点也不认识这样一个事实：旧的塔布只能用新的塔布来替代，一切由官员或警察来执行（或不执行）的法律、条例必须变成塔布，印在每个公民的心上，流在每个公民的血管里。可是如果要它们具有塔布的性质，就必得为数不多，其价值无可争辩，其急迫近于本能。没有社会能够依靠任何别种办法健康地生存。政府立法机关，如果它们不认识自己的任务只是记录并支持这些塔布的成长与衰歇，就起不了作用。

性的塔布居于这一过程的中心，不仅因为凑巧性是近年变化异常快的一个区域，同时也因为它是异常重要的一个区域——因而它成为一般社会活动的训练场——然而又是一个其中的大多数精要部分不接受外来的直接控制，因而它的塔布不得不，至少是首先，由个人自己建立和维持。

近些年来，这个真理的一半，破坏性的一半，已经被广泛地认识。也就是说，人们认识到，许多从前强加于年轻人的家庭教训和社会限制都已经过时了，不适合现代情况了。许多人发现这一事实，惊喜若狂，一跃而得出结论，说是一种"随心所欲"的政策从此成为合理又合法的了。正如 A. 赫胥黎在一篇令人深思的文章里所说，用廉价的放荡来反抗"维多利亚式"的岸然道貌，常常是"拿 19 世纪的坏面貌去换取 18 世纪的坏面貌"；他尖锐地指出，这是抛弃清教徒式的性抑制以换取跟清教徒式同样充满仇恨和鄙视的另一种抑制,其手段是"使人麻天木地、乱七八糟地放纵"。

在现在的情况下,旧的放纵跟旧的塔布同样的不对路。在旧的情况下,生活是一种克制,这种克制基本上是由外面施加的,因此一旦发现那些禁忌已经不起作用,那种克制也就随之动摇。可是生活永远是一种克制,不但是在人类,在其他动物也是如此;生活是这样危险,只有屈服于某种克制才能有真正意义的生活。取消旧的、外加的塔布所施加于我们的克制必然要求我们创造一种由内在的、自加的塔布构成的新的克制来代替。这实在是落在所有今天的年轻人身上的任务。有些人看见旧的塔布在一个个消失,就以为今后的生活将是轻松而愉快,殊不知他们将面对许多他们的祖父祖母从来没遇到过的困难。这意味着创造新的自觉自愿的塔布,一种缓慢的自我成长和自我负责,这不仅本身是一种继续不断的自我克制,而且有跟以同样的真诚从事于相同的任务的别人互相冲突的危险。因为虽然我们还是沿用"道德"这个名称,可是既然把对道德的认识交在个人的手里,就不会对所有的人都完完全全相同。当然,由于我们属于同一个社会,所有的人的道德观必然脱胎于一个共同的模式;但是既然涉及个人的认识,那就比从外面加在我们身上的完全一模一样的塔布有所不同,要求有更多的互相理解和互相忍耐。

霭理斯对塔布的见解介绍如上,试用中国情况来比较。塔布相当于中国"礼俗"的消极的一面。见于典籍,主要通行于士大夫阶层的是"礼",不见于经传而流行于民间的是"习俗"。但是二者也互相渗透,连皇帝家里也有"礼"有"俗"。礼和俗都有积极和消极两个方面,就是应该做什么和如何做,不应该做什么或如何做,后者就是塔布。礼俗之外还涉及迷信。比如我们小时候,吃饭而偶有米粒儿掉在地下,大人必得让我们从地下捡起来吃掉(不讲卫生!),理由是糟蹋粮食要挨天雷打。后来进了中学当住宿生,才在食堂的墙上看见赫然大字"一粥一饭当思来处不易"的格言。如果有哪位或哪些位学者把中国各民族的古今礼俗、迷信及其消长详细记录,并从社会学的角度加以分析,并且跟国外广大的"文明的"和"不文明的"民族的风俗习惯相比较,那一定会是一部既有科学价值又有教育意义的著作。可是千万不要使用"猎奇"的手法。

关于塔布的话到此为止,下面摘录几篇随笔。霭理斯的随笔采取日记的形式,结集成书则以《印象和感想》为书名,共有三册,分别出版于1914年、1921年、1924年。

附录　印象和感想

4月10日(1913)。我有时候觉得很奇怪,人们常常认为,如果一个人不能赞同他们的意见,那就一定是反对这种意见。我想起几年前,弗洛伊德在给我的信里说,要是他能够克服我对他的理论的敌对态度,他将感到莫大的愉快。我赶快回他的信,我对他的理论并不持敌对态度,虽然他的理论不是所有细节都能为我所赞同。如果我看见一个人在一条危险的山路上往前奔，而我不能一直跟在他后头，这并不表示我反对他。相反，我可能唤起人们对这位探险者的注意，我可能赞赏他的勇气和技巧，甚至欢呼他的努力取得成果，至少是赞赏他的伟大的理想。总之，我跟他不是意见一致，但是我不反对他。

　　一个人为什么要敌视别人呢？敌视是多么无聊啊？敌视是一把利剑，谁拿起它来，它就刺伤谁的手。握剑的人死在剑下，这是耶稣的教导，可是他自己一直记不住。这位谴责大师狠狠地、不顾一切地，用言语作利剑，谴责"文士"和"法利赛人"，以致后世把这两个名词当作伪君子的同义词。然而耶稣的教会却变成古往今来的文士和法利赛人的最大的产生地，直到今天他们还构成它的坚强堡垒。再看路德。天主教正在那儿一点儿一点儿死去，轻柔地，甚至可以说是雅静地。忽然来了这么个五大三粗的庄稼汉，浑身力气没处使，对着那垂死的教会拳打脚踢，把它打醒了，把它踢出精神来了，延长它的生命一千年。那个志在消灭天主教的人却成了天主教有史以来的最大的恩人。

　　世界上的事情老是这样阴差阳错。我们的朋友也许是坏我们大事的人，而最后反而是我们的敌人搭救了我们。

　　3月30日（1916）。一位女士给我看一封很不像话的信，是一位我原来以为是个彬彬有礼的人写给她的。这位先生为自己辩护，说是常言道："对于洁净的人，一切都是洁净的。"这也许不是罕见的经验。

"对于洁净的人，一切都是洁净的。"这也许是真理。可是我有时候悔恨圣保罗当初没有把这个危险的真理用另一个方式表达："对于肮脏的人，一切都是肮脏的。"

海洋以它的广大胸怀接纳许许多多垃圾，在太阳和风的大力作用和海水的盐性消毒作用之下，一切都转化成有用的美好而使人振奋的臭氧。可是有些狭隘的、关闭的心胸，不是像海洋而是像阴沟。我反对那些阴沟冒充具有只有大海才具有的美德。

11月30日（1916）。听说H.马克沁爵士死了。这条新闻唤起我对这位名人的唯一的印象，是他给了我们所有致命的武器之中最最致命的武器，这种武器正在毁灭欧洲的居民。

三十多年以前的一天，我们站在马克沁周围听他解说他的枪的结构，看他表演它的惊人的性能。我现在还似乎看见那常常显示有发明的天才的人的温和的、天真的神情，还似乎看见那谦虚然而得意的微笑，当他轻巧地、抚爱地盘弄他那美丽的玩具的时候。我们正在观看的时候，我们之中有一位若有所思地问他："这东西不是要把打仗弄得更可怕吗？"马克沁很有信心地回答："不会！它将使战争成为不可能！"

千万年以来的梦想者们，天才的赤子们，一直在人们的耳朵边悄悄地灌输那骗人的幻想：如果你要和平，你就得为打仗做好准备。连铜器时代开始时候第一个想到把短刀拉长成为宝剑的天才发明家也一定相信他已经使战争成为不可能。

11月14日（1922）。"像鸵鸟一样把脑袋钻进沙堆里"，好像再没有比这个比喻更常常被人们用来互相嘲笑了。谁有兴趣翻翻近二三百年的通俗杂志之类的东西，准会不一会儿就看见这个比喻，就像每隔几分钟就听见教堂里响起丧钟一样。

我们差不多不用思索就会知道鸵鸟不会干这种蠢事。为了弄清楚这一点，我特地问过我的一位恰巧是研究鸵鸟生活习性的权威的朋友——因为在他的著作里他简直不屑一提这个迷信——他告诉我，鸵鸟是有一种容易引起这种迷信的举动，那就是把它的脑袋往下一耷拉，避免引起注意。只有人才是唯一把脑袋钻进沙堆、闭上眼睛、装作没看见周围事实的两只脚的动物。没有一种鸟敢这样做。世界没有为它们提供如此生存的条件。就是人类也没有胆量敢这样做，如果不是他在早先就给他自己建造起一堵保护他的大墙，可以容他躲在里边胡思乱想而不受到惩罚。

赫胥黎和救世军

多年以前，我曾经为了对勘严又陵的《天演论》译文，买了《赫胥黎文集》第九卷，那里边的《演化和伦理》两讲是《天演论》的原本，此外还有好些别的文章。我的对勘工作没有什么收获，因为严老先生的译文是名副其实的"达旨"。可是同一卷里边我却发现了一宗极有意思的文献——赫胥黎为了救世军的事情写给《太晤士报》的十二封信。

救世军是威廉·布斯（W. Booth, 1829—1912）创建的。1865年他在东伦敦贫民区创建了一个宗教—慈善团体，名为"基督教团"，1878年改名为"救世军"，采取军事组织的形式，下级服从上级，全军服从总司令，布斯自任总司令，名为"将军"。将军任职终身，继承人由他指定。从这个时候起，救世军布道的时候奏军乐。1880年规定军官制服，发行《战地呼声》周报。布斯在1890年出版了一本书，叫做《最最黑暗的英格兰及其出路》，陈说英国贫民如何困苦愚昧，救世军将如何在精神上和物质上予以拯救，号召各界人士捐款赞助。

赫胥黎的第一封信于1890年12月1日见报。他说，他有一个朋友准备捐助一大笔钱给救世军，委托他相机处理。因此赫胥黎仔细研究了布斯的书，甚为怀疑，然而怕自己考虑不周，所以在回答他的朋友以前，把他的感想在报上公开，听听大家的意见。他把布斯的主要论点归纳为三点。（以下行文用赫胥黎的口气，但不加引号，因为只是撮叙，不是翻译。——笔者）

（一）布斯先生认为改造愚民的唯一途径是通过某种热烈的基督教义，它的积极传布者是救世军。这意味着激发人们的宗教情绪是彻底改造人类行为的可靠方法。我不同意这种看法。我觉得，历史的事实以及我们对所见所闻的冷静观察都不支持这种看法。

（二）传布和维持这种神圣狂热的有效工具是救世军——一群信徒，训练成一个军事组织，有为数众多的一层一层的军官，全都宣誓无条件地服从"将军"。"我的一个电报就把任何一个军官送到天南海北的任何一个地方"；"每一个参加组织的人都明白承认一个条件：他必得服从总部的命令，不得提疑问，不得反对"。这个原则我看是无可争议的。圣芳济和罗耀拉都是应用这个原则进行他们的伟大试验的。布斯不要求他的信徒发誓，我很佩服他对于人性的洞察。一个出于自愿的奴隶抵得上十个发过誓的仆从。

（三）救世军建立以来获得了巨大的成功。现在有9416个完全出勤的军官，有75万镑存款，有同样数目的年收入，在本国有1375个军官队，在殖民地和外国有1499个军官队。这证明救世军的事业得到圣灵的赞许。在这一点上我同兴高采烈的"将军"有不同意见。他一心一意创建新军，使他无暇了解在他之前的同类尝试。在我看来，他的成就比起圣芳济、罗耀拉、福克斯，乃至当代的摩门教，不见得更大。这些个伟大运动的教义基础各各不同，因而我很难相信它们全都得到上苍的同样保佑；尤其是鉴于布斯先生的成就还赶不上它们，更难证明他获得特殊的恩宠。

已往那些试验的结果如何呢？圣芳济要求他的信徒摒弃一切财物，可是在他于1226年去世三十年之后，以他亲自指定的继承人伊利亚斯为首的圣芳济会已经成为基督教世界中最有钱最有势最世俗的团体之一，染指于任何社会的、政治的腐败事务，只要有利于他们的教团；他们的主要努力是对付他们的对手圣多明尼会和迫害自己教团内部遵行创造人教导的弟兄们。罗耀拉创建耶稣会，为反对教皇统治的人们的希望所在有二百年，可是他们后来有钱有势了，不免滥用他们的财富和势力，参与政治阴谋。有鉴于这样的先例，谁能保证救世军不走上同样的道路呢？创始人的高贵品德和良好愿望是不足以作为判断事业的未来走向的依据的；假如可以作为判断的依据，那么，对不起，布斯先生是比不上圣芳济的。可是连圣芳济也还缺少知人之明，以至于指定伊利亚斯那样有野心的阴谋家做他的副手和继承人，我们又有什么根据认为布斯先生必然能够洞察未来呢？

布斯先生指摘某些慈善事业是有五分利却有十分害。很抱歉,我不得不说,照我看来这正好适用于布斯先生自己的规划。社会祸害莫大于无知和无节制的宗教狂热;损害良知良能的习惯莫大于盲目的、毫不迟疑地服从无限制的权威。饥寒淫乱是祸害,但是比这些更大的祸害是让全体人民的智能受制于有组织的狂热;是眼看一个国家的政治和经济听命于一个立志传布他的狂热的君王;是坐视本来应该对自己的国家的命运负责的人们堕落为无知的工具,听从一个主子的任意使唤。

目前许多善良的人捐助大量金钱给这一类团体。可是除非有明显的证据证明我对这种团体的认识是错误的,我不会让1000镑钱经我的手送到那种团体去。

赫胥黎的第二封信是对布斯的《最黑暗的英格兰》的进一步评论:指出布斯对古今救济事业的无知,批评布斯的一切救济都以皈依救世军的信仰为前提,指摘他擅自施加刑罚——例如女子A"对我们的人诉说被人两次诱奸。我们找着那男人,跟踪他到乡间,以公开揭发威胁他,强迫他赔偿现款60镑,以后每星期付生活费1镑,并投保金额为450镑的人身保险,以A为受益人"(见原书222页)。总之,救世军的伦理学是成问题的,它的经济学是稀奇古怪的,它的法律观是法自我出,"这一切",赫胥黎说,"我不喜欢,尽管它得到支持布斯的先生们的赞赏"。

赫胥黎的第三封信见报在第一封信的十天之后。头上说,自从第一封信发表之后,我收到了很多信,有反对的,有赞成的,我觉得最有价值的是有些信提供了一些情况,证明我在第一封信里说的这种团体早晚要堕落为排他狂的个人野心的机器,已经不幸而言中。在这些文件里边我只提出一种来介绍给《泰晤士报》的读者,那就是 J. J. R. 雷德斯通的《救世军的一个前上尉的经验》,书的前面有牧师肯宁罕·该克博士的序(所署日期为 1888 年 4 月 5 日)证明书里所说的情况真实可靠。我不能详细复述雷德斯通的书的内容,我只从该克博士的序里摘引四点。该克博士对救世军的早期的未腐化的工作倍加揄扬,因而决不能说他的话怀有宗派成见。

(一)救世军是地地道道的家天下。布斯老先生是将军,一个儿子是参谋长,其余的子女也都占据重要位置。该克博士说得好,"作为一个远播四方的宗派的头子带来很多好处——不限于精神方面"。

(二)一旦当上救世军的小军官,从此就成为必须奉命惟谨的奴隶。为了加入救世军,雷德斯通放弃了已经干了五年的职业。他在救世军的非常艰苦的位置上干了两年。他的唯一过失,用劳莱少校的话来说,是"太直",也就是说,太像个真正的基督徒。然而,没有宣布罪状,仅仅依据秘密报告,他被开除了。

(三)雷德斯通在他的书里说,他们被总部派来的密探监视并打报告。该克博士从别的军官那儿得到证实。

(四)布斯拒绝保证给他的小军官一定量的工资,而他本人和他一家高级军官过的是舒服日子。可是救世军所取得的任何成绩全然来自那些小军官的努力。在前两封信里,我为了预测救世军的前途变化,曾经提到圣芳济等人,现在应该承认错误。

那些中世纪大修道会的创始人是和所有徒众同甘共苦的，要求他们的徒众忍受的苦难，是自己首先忍受的。

12月20日的《太晤士报》登出赫胥黎的第四封信。这封信的主要内容是介绍一本揭露救世军加拿大军团的情况。这本书的封面的最上方是书的全名《新教皇统治；或，救世军内幕》。著者署名：一个前军官。下面引圣经："不要将我父的殿当作买卖的地方（《约翰福音》第2章第16节）"。出版日期：1889年。出版地点：多伦多。出版者：不列特奈尔。封面上还写有"这是奉救世军之命予以焚毁的书"字样。我要请读者注意，我在下面引用这本书里的话都只能视为"一面之词"，但是根据此书的内证以及从别处得来有关布斯宗门的材料，我认为这本书的内容是值得引述的。先看救世军初到加拿大的情况。

它声称它是现有的各教派的奴婢，以在群众中传布福音为宗旨。它毫无另组一个宗教团体的意图，它反对搜罗钱财、积聚财产的做法。它邀请并欢迎各派牧师来布道。它只有极少量的少校和上校，军长的权威是没有人听说过的。……它不挖别的教派的墙脚，它的信徒不是生拉硬拽来的。……可以说，救世军是各种宗教团体的助手和招募代理处。……群众纷纷参加救世军的集会，为了当地的慈善事业踊跃输将；因而各个队部都是自给自足的，它的军官们的生活是过得去的，虽然说不上豪华；各地的财源无匮乏之虞，一切财务都由一个本地人充当的秘书和救世军

的军官共同管理;哪儿募集来的用在哪儿,各方互相信任,彼此都满意。(见该书4、5页)

再看看过了一个时期的情况。

整个系统起了变化。从一个以热诚和慈善为纽带的无私的群众集体发展成一个庞大的咄咄逼人的教派,受一套损害宗教自由的教条和规则的约束,对所有别的基督教派采取敌对态度,束手缚脚服从一个高高在上的首领和统治者。随着工作在全国范围内的开展,所有重要位置都先后为外来者所据有,他们对加拿大人民的喜怒哀乐一无所知,只是曾受训于以布斯家族某一成员为首的训练班,一切思想排除得一干二净,只有一条,那就是无条件服从将军,将军叫他上哪去上哪去,不得迟疑,不得提出疑问。(原书6页)"结果是,取得了物质的繁荣,丧失了精神的财富;作为传布福音的机构,救世军只剩了一块招牌。……在四分之三的队部,小军官们衣食不周,主要是由于征收重税,用来维持一个庞大的司令部和一大群无所事事的军官。差不多所有原来的工作人员和会员都不见了。"(7页)"对别的宗教团体,救世军采取全然敌对的态度。救世军的士兵,不经军官的特准,不许参加别的礼拜会。受良心的驱使离开救世军的军官和士兵被宣布为叛徒。"(8页)"在内部行事上。救世军跟耶稣会一般无二。虽然不公开教导'为目

的可以不择手段'，但内部有此默契是与耶稣会完全相同的。"（9页）

赫胥黎说，也许有人会把上面最后引用的话当作匿名的诬陷，我可以引一个有名有姓的人的话作为佐证。有一本1890年出版的小册子，书名是《布斯将军及其家族和救世军，表明后者的起源、发展以及它的道德的、精神的衰落》，著者S. H. 霍基斯，法学士，救世军前少校，曾任布斯将军私人秘书。我劝有意思资助布斯先生的人也读一读这本小书。我从那里得到不少知识。有一件事值得一说。布斯有一天对霍基斯说："霍基斯，你的枪只有双筒；我的枪有三筒。"如果霍基斯的记录不错的话，那第三根枪筒是"为了上帝和救世军，放弃你的良心，甘愿做那连正直的非教徒也不肯做的事"（该书32页）。——这第三根枪筒是可以用来打下许多好东西的，包括最根本的道德。

赫胥黎的第五封信（12月24日）主要是引用《新教皇》的内容跟布斯算金钱账。首先，一个救世军上尉得把会众的捐款的一部分上交师部和总部，一部分用来付会堂的房租（付给总部或某私人），付会堂的水、电、暖气费以及维修费；如果他有助手，他得付给他工资；总部发来的书刊要他付钱，不管卖完没卖完，如此等等。因此在百分之六十的救世军队部，军官无钱可拿，伙食和房租都得要会众资助。有少数地方比较好，军官除规定每周6元的工资外，有点富余，那也得捐给总部的"作战基金"。（35、36页）

布斯先生的理财的才能还表现在其他方面。多伦多有一所收容所，是位于市中心的一所很漂亮的建筑；地皮值7000元，房子值七千多，全是热心人士捐的钱。布斯又把这所房子抵押了7000元。在这个收容所开办的头五个月里，收到公众捐款1812元70分；其中600元作为房租付给救世军总部，590元52分用于日常开支，622元18分用于办事员的工资和被收容者的伙食。（24、25页）布斯先生真是理财的天才！谁能像他这样，既能让公众捐钱给他买地造房子供他使用，还按月付给他一大笔房租！他把房子抵押出去也没人说话。如果他想把房子卖掉，大概也没人阻止他。

按照《新教皇》作者的估计，"加拿大人为了通过救世军传布福音所贡献的钱，六分之一是用在扩展上帝的国土上，六分之五是投资在年年看涨的房地产上，这房地产掌握在布斯和他的继承人的手上"。（26页）

这些庞大的动产、不动产据说是交给布斯先生"托管"。也许别人对这"托管"是信任的，我可不敢。谁是托管者？是救世军？救世军是怎么个法律身份？一般士兵有份吗？当然没有。军官们对托管物有合法权利吗？肯定没有。"将军"在任命他们的时候是以他们放弃一切权利为条件的。所以，看来作为一个法人的救世军是等同于布斯先生。既然这样，任何代表救世军利益的"托管"都是——该怎么说才是既不失真而又不失体面呢？

我用一句话来结束我的信——布斯先生肯不肯征求一下律师的意见，在他现有的法律安排之中有没有什么条款能阻止他随他的高兴处置他已经积聚起来的财富？有没有谁有权根据民法或刑法控告他或他的继承人，如果他们按照与捐款人所设想的迥不相同的方式把这些财富用光？

在同一天，《太晤士报》登出一封署名为 J. S. 屈洛特的信，信里说："很抱歉，我要扫那些跟着赫胥黎教授诋毁布斯将军和他的事业的人们的兴。我要提供有关在加拿大出版的那本'书'的一些情况。我曾经有幸会见过那本书的作者。那本书是在多伦多印的，只印了两本；其中一本是从印刷人那里偷走的，赫胥黎教授的公开信里的引文是后加到那一本里去的，因而是伪造物。这本书的出版未得作者允许，是违背作者意愿的……"

赫胥黎针对这封信写的信两天后见报，是总数的第六封。赫胥黎说，感谢屈洛特先生，他的信提供了我早就想知道的下列几点情况。（一）《新教皇》的作者是一位负责的、可信任的人；否则屈洛特先生不会说"曾经有幸会见过"。（二）在这位作者不怕劳累写了一本小字密行排版占六十四面的小书之后，不知道从什么地方对他施加了压力，结果是他拒绝让这本小书出版。屈洛特先生见多识广，一定能告诉我们这压力来自何方。（三）屈洛特先生怎么知道我引用那本小书里的某些段落是后加的、伪造的？是不是据他说是只印了"两本"之中的另一本在他手中？（四）如果那一本在他手中，他一定能说出来，我引用的那些段落之中哪几处是原有的，哪几处是后加的；那未经窜改的本子跟我所引用的本子在主要内容上有什么重要分歧？

赫胥黎的第七封信紧接着第六封信在第二天的《太晤士

报》上发表。赫胥黎说，我本来已经拿到一些跟那本小书有关的材料，只是我怕其中可能有传闻之误，所以没拿出来。现在既然有像屈洛特这样的知情人露面，那我就拿出来请他鉴定吧。（一）"《新教皇》的作者是一位索姆纳先生，是行为端正，在多伦多受人尊敬的人，在救世军里居于高级地位。在他离去的时候，由一位知名的美以美会牧师主持，举行了一个人数众多的集会，通过决议，对他表示同情。"请问有没有这回事？（二）"上个星期六中午前后，这本书的作者索姆纳和救世军出版部主任弗雷德·培理先生，由一位律师陪同，来到伊姆利-格雷厄姆印刷厂，要求交出这本书的原稿、铅版和已经印成的印张，索姆纳先生解释说，这本书稿已经卖给救世军。在收到一张付清排印费的支票之后，印厂主交出了书稿、铅版和印张。"请问有没有这回事？这一段和上一段引文都印在1889年4月24日的《多伦多电讯》报上，对不对？其中的记事是真是假？（三）"人们对于那本名为《新教皇统治；或，救世军内幕》的神秘的书的最后结局的关心一直没有减退。毫无疑问，这本书总有一天将以某种形式出版。据说只有一份完全的拷贝，它在什么地方是一个深藏的秘密。可以大胆说一句，即使救世军的加拿大军团长一直猜下去猜到明年的今天，他也不可能找着那五千本里唯一在逃的一本。当他和他的助手弗雷德·培理把这本禁书的一切的一切送进火炉的时候，他们相信已经一网打尽了。星期二那天他们发现《新教皇》还有一个拷贝存在，他们立即怀疑是在荣格街上的不列特奈尔书店手中，很快就有一伙救世军密探赶到那儿去侦察。"（1889 年 4 月 28 日《多伦多新闻》）请问这一段记事是捏造不是捏造？在屈洛特先生直截了当地回答上列问题之后我们才能讨论索姆纳先生的书里有没有窜改的问题。

在这封信里赫胥黎又提到霍基斯的书里的一段话。霍基斯说，他看见救世军的将军和参谋长有欺诈行为，提出来跟他们讨论，得出的结论是：他们认为为了上帝的事业就可以这样行事；正如同两军对阵，把敌人的炮夺过来掉转头打敌人，同样的道理，可以用魔鬼的武器对付魔鬼。正是这样的认识促使霍基斯退出救世军的。

赫胥黎的第八封信是答复一位牛津大学大学学院前研究员肯宁厄姆的。

1890 年 12 月 30 日的《太晤士报》上登出赫胥黎的第九封信。他说，他过问救世军捐款的事原是为了防止"将军"或"将军们"诡计多端，为所欲为，其实对他来说是很不愉快的。现在有很多人出来关心此事，他可以搁笔了。

可是事情并没有让他想撒手就撒手。鼎鼎大名的天主教红衣主教曼宁在 1891 年 1 月 2 日的《太晤士报》上发表了反对赫胥黎批评救世军的信，赫胥黎不得不在第二天的报上公开答复。这就是他的第十封信。

1 月 12 日的《太晤士报》上又发表了署名为救世军法国—瑞士军团长布斯-克立本的长信。这封信头上提到《新教皇》这本书的事件。他对于赫胥黎第七封信里提出来的事实不加驳斥，而是进行一番解释，而这解释是不能自圆其说的。这位军团长说:"索姆纳先生写这本小书是一时火气发作,他很快就后悔了——任何人在心平气和、良心出现的时候都会后悔他大大的言过其实的;于是恰好赶在这本书就要出版之前去找到军团负责人,说他愿意销毁已经印好的全部书,只要军团能支付印刷费,因为他自己没有这笔钱。"

赫胥黎在他的第十一封信里答复他。赫胥黎说:《新教皇》这本书是小字密行六十多面,写得很用心,措词异常温和;书中有很多细节,有很多数目,查证这些细节和数目一定费了不少时间和耐心。可是布斯-克立本先生说这本书是"一时火气发作"的产物。我诚恳地希望,关于这件可悲的事情,布斯-克立本军团长先生知道的没有我多。不幸我现在有所顾虑,不能把我所知道的全说出来。我只能从作者序言里引一段来供参考。"我是经过深思熟虑并且受到众人督促才把这些内容公开的。可是,虽然我极不愿意从事这种倒胃口的工作,深知这将引起一阵轰动,使我感情上不愉快,生活上增加困难,然而我觉得为了乐善好施的公众,为了宗教,为了其目的正在受挫折、其劳动成果正在被摧毁的一群虔诚的男人和女人,尤其是为了救世军本身的前途,如果洁化了它的干部,回到它原先在加拿大传教队伍中的位置上来,为了这一切,我觉得尽我所能去说明真相以求达到上述目的,是我义不容辞的责任。"看来这本书的作者写这篇序言的时候,火气已经下去,如果一度有过的话,然而还没有达到布斯-克立本先生所说的悔悟的境界。至于军团长先生字里行间诬蔑索姆纳先生写这本书是为了几个钱被人收买的话，我只能说这是人们一再说救世军深得耶稣会三昧的又一明证。布斯-克立本军团长说："伦敦大本营知道了这件事情，对于加拿大军团长的做法深不以为然。"这只能说明大本营不是消息不灵；但这丝毫不影响索姆纳先生作证的价值。很可能伦敦大本营也不赞成它的法国—瑞士军团长写这封信。那又怎么样呢？无非说明布斯-克立本先生犯了屈洛特先生一样大的错误。这一对巴兰本意是要诅咒，却被逼祝了福。（这是《旧约》里的故事，见《民数记》23章11节。意思近于中文成语"欲盖弥彰"。——笔者）他们完全证明我信任索姆纳先生作为一位十分可靠的见证人是没错。他们二位都不敢挑剔那位正直的先生的任何一句话的正确性。他的整个故事我希望有一天能公之于众，那时候他的行动的真实原因是会让大家知道的。

赫胥黎的最后一封信登在1891年1月22日的报上，是介绍赫顿大律师关于布斯在1878年所宣布的委托书（即委托布斯保管捐款的法律文书）的意见书。大律师的文字当然要引用许多法律条文和法律用语，很难摘录，大意是：其中没有什么条文可以控制或干涉布斯处理或使用这委托书所涉及的财产或现金。布斯可以"送掉"那些财产，仅仅因为委托书里没有说谁有权阻止他这么行动。

赫胥黎为救世军的事情在一个多月的时间里给《太晤士报》写了长长的十二封信，忙出个什么结果来呢？是不是救世军从此一蹶不振呢？根据最新的资料，1987年版的《宗教百科全书》，救世军的活动还分布在87个国家，主要是英语国家和斯堪的纳维亚诸国；虽然总部还在伦敦，分支机构却以美国为最大，有1056个分部，3600个军官。救世军在中国也曾有过活动，50年代初北京王府大街北段还有救世军的教堂，有直行的大字招牌高高挂在墙角。我想救世军的继续存在和活动，主要不是因为它的传教有何独到之处，而是它还从事某些慈善事业。至于布斯家族横行霸道的作风，经过赫胥黎等人的揭露，是否有所收敛，一百年以前的事情，资料难找，尤其在英国以外的地方。但愿这位生物学教授的"思出其位"不是徒劳！

葛德文其人

1987年第8期《读书》上刊出黄梅同志的《玛丽们的命运》，谈到两个玛丽，一个是葛德文的妻子玛丽·沃斯顿克莱夫特，一个是他们的女儿玛丽·葛德文，诗人雪莱的妻子。至于葛德文本人，因为与题旨无关，只是一笔带过。这个葛德文其实也还是可以谈一谈的。

我第一次接触威廉·葛德文这个名字是在20年代。一位朋友翻译他的《政治正义论》（全名是《对于政治正义及其对道德与幸福的一个考察》），他对付不了这种18世纪的政论文字，采取基本上直译的办法，把译稿分批寄给我校订。我那时也还没有译书的经验，明知他的译文没有读者能完全看懂，想把它顺过来，可是搬不动，只好敷衍一阵交卷。这本书译完了没有，现在也不记得了，反正没看见出版。原文好像是前卫出版社的普及本。

后来我才知道这部书在西方政治思想史上还是很有地位的。他反对权力，反对财产，主张分成许多小社会，人们在其中各取所需，和平共处。实际上这可以说是近代无政府主义思想的第一部系统论著。它出版于 1793 年，比普鲁东的《财产论》早 55 年。这本书出版之后，有人向当时的英国首相小皮特建议采取措施，皮特说，"对于一本售价三基尼的书的作者，不值得大惊小怪，因为这样价钱的书对于连三先令多余的钱都没有的人会为害"。还有一点应该说明，就是葛德文这本书里尽管反对政府用暴力统治人民，却不主张用暴力推翻政府。他提倡和平改造。这部书在当时除了让作者因此结识了一些思想激进的文人之外，并没有产生多大作用。可是通过罗伯特·欧文间接对英国的工人运动产生了影响。

葛德文的生平事迹有 Kegan Paul 所作传记，我没有见过这本书。我有一本爱德华·牛顿的《聚书的乐趣以及同类爱好》，那里边有一篇《一个可笑的哲学家》，就是讲的葛德文。从篇名就可以看出，这篇小传是语带嘲讽的，不过我们还是可以从中看到葛德文的生平大概。

葛德文生于 1756 年，父亲是一位不奉国教的牧师。葛德文十岁的时候就学着在孩子们中间布道，二十岁就正式当牧师。他酷爱读书，一辈子不脱书呆子气。他的宗教思想越来越激进，不到几年就跟他的教派里的人闹翻，到伦敦去卖文为活。

法国大革命的爆发在英国知识分子中间产生极大的震动。葛德文很快就投身到激进的知识分子中间，跟比他年老的潘恩、比他年轻的华滋华斯等人都常来往。他的《政治正义论》就是在这个时期写出来的。这本书给他招来很高的声誉，还给他挣来 1000 镑稿费。

但是1000镑也不能养活他一辈子啊，所以他还得写别的。他给报刊投稿，谈政治也谈文学。他写小说，最有名的是《卡勒伯·威廉历险记》，一部惊险乃至有点近于神怪的小说。他的女儿玛丽的神怪小说《法兰肯斯坦因》（即《人造人的故事》）是不是受到葛德文这本小说的影响也说不定。此外他还写过几部小说，都不成功，只有《卡勒伯·威廉》直到19世纪末年还在通俗小说的读者中间流传。

他还写过一个悲剧《安东尼奥》，并且说服了剧团经理兼主要演员肯伯尔让它上演。这个剧本早就不会有人提起，如果不是查理·兰姆在一篇文章里记下它惨败的情况。兰姆给这个剧本写了一个"尾声"，并且陪葛德文去看首场演出。下面是兰姆的记事：

第一幕庄严而安静地过去了……第二幕稍为提高了点儿兴趣，观众似乎听得更用心……第三幕本来应该是把剧情逐步加温、引导到最后的高潮爆发的，可是观众的兴趣纹丝不动……

正是圣诞季节，气候提供了咳嗽的借口。观众里头有一个人起头咳，左右的人响应，于是咳成一片；观众席上的咳嗽声又传染到了台上，连安东尼奥都好像更急于解除他自己肺里的苦恼，顾不上解除剧作家的恐惧；此时此刻葛德文也害起怕来，他说，早知道肯伯尔感冒没好，勉强登场，本来不妨把演出推迟的。

剧情徒然地在那儿发展。台词没精打采地往前赶，观众丝毫不加理会，演员们变得越来越小，舞台变得越来越远，观众都快要睡着了，忽然安东尼奥拔出一把匕首，一下捅进他妹妹的心口。效果就像是一场存心杀害，把观众拉进去当同谋犯，整个剧场起立怒骂——他们要是能逮住这位不幸的作者，说不定会把它撕成几块。

这个戏从此再没法上演了。

葛德文在《政治正义论》里反对政府制度，反对财产制度，也反对婚姻制度。他主张男人和女人可以跟男人和男人、女人和女人一样的交朋友，性的关系可以跟别的友谊关系一样看待。他不光是反对结婚，也不赞成同居，他认为男女分开住的好，各人做各人的工作，互不干扰。由于他的坚持，他和玛丽·沃斯顿克莱夫特的结合最初就是采取这个形式。只是到了玛丽怀了小玛丽的时候，她一再恳求，葛德文才不得不同意到圣潘克拉斯教堂里去悄悄的举行婚礼。女儿出世没有几天，妈妈就死了。还流传这么个传说，说是当玛丽·沃斯顿克莱夫特临终的时候说："我已经到了天上"，葛德文说："不对，亲爱的，你的意思只是你已经感觉身上轻松些了。"

这样，由于"造化弄人"，那个不赞成婚姻制度和家庭生活的葛德文，在短短的几个月之内，成为一个丈夫、一个鳏夫、一个后父和一个父亲。再也没有比他更不合适承担这个职务的了。他不得不建立起一个家庭，雇用一个保姆。这个保姆一来就想跟他结婚，他赶快逃到外地。

可是他已经不那么反对婚姻制度了。他遇到一位小有才的女士哈丽特·李，写信向她求婚，劝她做贤妻良母，被她拒绝了。又过了些时候，有一位克莱蒙夫人，一位肥胖而不讨人喜欢的寡妇，看中了葛德文，故意把家搬到葛德文住处的附近，自我介绍，说——"请问，我面前的这位敢情就是鼎鼎大名的葛德文吗？"这一招够厉害的。当一个寡妇下决心要嫁谁的时候，她的对象只有两条路可走：一是逃走，二是屈服。葛德文没有办法逃走，只好屈服。

他们的家庭够复杂的。葛太太跟前夫生了两个孩子：一个女儿克莱尔——后来成了拜伦的情妇，跟他生了个女儿阿勒格拉；还有一个儿子，小时候宠坏了，长大不成器。葛德文这方面有前妻带来的女儿范妮·伊姆莱，他自己的女儿玛丽。后来他跟这位新太太又生了个儿子，取名威廉，与父亲同名。

葛德文的生活来源，一是卖文，二是借贷。家里人口多了，用度也大了，他得赶着写。他着手写《乔叟传》。关于乔叟的事迹，人们知道的不比关于莎士比亚的多。葛德文只好发挥他的想象力，设想乔叟可能做过什么事，见过什么光景，有过什么思想，添油加醋，居然写成上下两册《乔叟传》。这也是当时的风气。

葛德文夫人可是个"女强人"，她对于做买卖比对于做文章更有信心。她开了一家少年儿童书店，倒是生意兴隆。这些供儿童阅读的书，大多经过葛德文润色，有的还可能是葛德文写的。他的署名是鲍尔温。兰姆和他姐姐合写《莎士比亚故事》

（林琴南译本名为《吟边燕语》）就是葛德文建议的。赫兹里特也写了一本语法书给他。

时间很快过去，葛德文还健在的时候就已经没有多少人记得这位《政治正义论》的作者了。有时候有人谈到他，是因为他是诗人雪莱的老丈人。雪莱被牛津大学开除是因为写了一本宣传无神论的小册子。雪莱读过葛德文的《政治正义论》，设法认识了作者，又认识了他的漂亮的女儿玛丽，最后抛弃了自己的妻子海丽特，跟玛丽私奔到了欧洲大陆。他们出走的时候把克莱尔也带走了。她母亲紧紧追击，在法国加莱赶上了他们，可是没能把他们弄回来。

葛德文和雪莱的关系很能表现葛德文的性格上的弱点。雪莱跟玛丽谈自由恋爱是符合葛德文的理论的，可是葛德文大不以为然，跟雪莱断绝音问。可是他没有钱用的时候又问雪莱"借"钱。还有一个十分可笑的故事。雪莱寄给他一张1000镑的支票，他回他一封信："我退还你的支票，因为你在支票上写上了我的名字。为什么要让银行里知道呢？望你另开一张赶星期六上午寄到我手。抬头可以写约瑟·休谟或者詹姆士·马丁或者任何别的名字。"葛德文的办法是自己签上约瑟·休谟或者詹姆士·马丁或者任何别的名字，然后背书自己的名字作为担保。这办法真绝！

一直要到雪莱的第一个妻子海丽特·威斯特伯洛克自杀（1816年，他们是1811年结婚的），雪莱和玛丽正式结婚之后，葛德文才跟他和解。此时他又以结上这门亲而感到骄傲。他写信告诉他在乡下的兄弟,说他的女儿嫁给了一位有钱的二等男爵的长子。*

葛德文的日子也够不好过的。克莱尔跟拜伦生了个孩子之后被他抛弃;海丽特·雪莱跳河;范妮·葛德文服毒;最后雪莱也死了,留下一个年轻的妻子和一个几岁的孩子。葛德文的日子越过越艰难。老朋友有的死了,有的不来往了。他自己也老了,还是不断地写书,写《共和国史》(指1649—1659年),写《查坦姆伯爵传》(按即老皮特),写《巫术家列传》,当然还有小说。这些书大都是不值得一读的。

最后还是有几位好心肠的朋友向政府申请任命他做财政部传达卫士(Yeoman Usher of the Treasury)这么个莫名其妙的拿钱不做事的小官,还供给一所住宅。可是任命不久,议会改选,新议会锐意革新,把许多拿干薪的职务都给取消了。幸而各党各派的人都同情葛德文的老境凄凉,让他保留这个职务终身。1836年葛德文去世,享年八十岁,遗骸葬在圣潘克拉斯教堂墓地里玛丽·沃斯顿克莱夫特墓旁。

怎样评价葛德文这个人呢?《政治正义论》代表他早年的思想,其中不乏崇高的理想,可是生活使他不得不渐渐把它抛弃;最早是要改造环境的人渐渐地变成听任环境摆布。这在古今中外的知识分子中是不少见的。可是像葛德文这样软弱而又固执的性格,既不引人亲近,又不招人怜惜,那倒真是少见的。

---

* 按照英国法律,长子继承家产和贵族称号。

李尔和他的谐趣诗

爱德华·李尔（Edward Lear, 1812—1888）以写 nonsense poems 出名。这里的 nonsense poems 在中文里很不好翻译，翻做"无意识的诗"固然不对，翻做"打油诗"、"滑稽诗"也不十分恰当，姑且译做"谐趣诗"吧。我从前有过一本他的 The Book of Nonsense，在抗日战争中跟别的一些书一块儿丢了。十多年前在旧书店里买到一本企鹅丛书版的《爱德华·李尔传》，作者戴维森（Angus Davidson），剑桥大学出身，翻译过几本意大利小说。他写这本《李尔传》，参考了李尔本人的部分日记和大量书信，写得相当详细。这本《李尔传》是 1938 年出版的。查 15 版的《不列颠百科全书》，李尔的标准传记是 1968 年出版的 Vivian Noakes 写的《爱德华·李尔：一个漫游者的一生》。

李尔的祖先是丹麦人，姓 Lør，他祖父迁居英国，把姓的拼写法改了，就跟莎士比亚剧本里的李尔王同姓了。他的父亲是个股票商，在爱德华十三岁的时候，他父亲破产入狱，四年以后还清债务释放，迁居乡下，不久就死了。爱德华他们弟兄姊妹共有19人，有几个没长大。他大姐安妮比他大二十一岁，一辈子没结婚，爱德华是她一手带大的，名为姐弟，无异母子。李尔中年以后，旅居国外的时候为多，两星期给姐姐一封信，讲他的生活，他的见闻，他的病痛，从未间断。

李尔在一首自叙诗里说自己是"其貌不扬"，"他的鼻子特别的大，他的胡子像假发"。他的眼睛小而高度近视，戴一副镜片老厚的眼镜。从年轻的时候就有点儿驼背，老年的时候更甚。

李尔有癫痫病，七岁的时候第一次发作，一辈子没好。发作起来不厉害，可是很频繁。发作常在清晨或深夜，时间不长，不妨害他的正常生活，因此他到年纪相当大的时候还能坚持工作。他这个病对他一生有两个重要的影响。一个影响是他一辈子没结婚。人家给他介绍过几次，他都拒绝了。他有一个非常要好的女朋友，她等着他求婚。他也几次想求婚，但是都自己否决了，最后一次是在他五十四岁的时候。另一个影响是他特别爱小孩儿，小孩儿也是见了他就跟他亲热。他的谐趣诗主要是写给孩子们的。

李尔一辈子卖画为生，他的谐趣诗没给他挣多少钱，他本来也没这个打算。他没有正规地上过学，他的教育都是他大姐给他的。他的关于动物和植物的知识，他的作诗画画的技能，都是先跟姐姐学一点儿，然后靠自学。他从小爱画动植物，二十岁那年，英国动物学会雇他给学会的动物园里养着的鹦鹉写生，后来印成彩色图册，共42幅。这在当时是个创举。他因此有了点小小的名气。

当时有一位达贝侯爵,在利物浦附近乡下的府邸里有一个动物园,他想请人来给园子里的动物写生。他托人给他物色,有人介绍李尔,侯爵亲自到动物园去看他画鹦鹉,然后就聘请他到他府上去当画师。李尔在侯爵家里一住就是四年。先是老侯爵的孙男孙女爱上了他,爱听他说故事,跟他聊天,然后是老侯爵本人也跟他成为好朋友。后来他虽然不再受雇于侯爵,可是跟这一家老少四代人成了世交,他们不断买他的画。

他在达贝侯爵家这四年对他后来的生活有很大影响。侯爵家富于收藏,有伦勃朗(Rembrandt)和贺尔拜因(Holbein)的油画,还有很多英国水彩画家的作品,李尔从这些作品里学到很多东西。侯爵家的房子大,又好客,来来往往的贵客很多跟李尔交上朋友,在他后来的生活中给他各种帮助,包括买他的画。

在侯爵府的第三年,李尔陪着老侯爵的儿子亚瑟·斯坦莱去爱尔兰旅行。李尔是个手勤的人,一边儿游山玩水,一边儿画风景速写。他决定以后不再画动物,要画风景,以此谋生。也还有别的因素促成他这个决定。他的视力不好,如果长期作动物写生,会把他的眼睛给毁了。再还有,在北英格兰住了这几年,加重了他原来有的哮喘病倾向,画风景给他一个借口到天气暖和的外国地方去走走。

从1837年开始,他旅居国外的时候多,回英国多半是短期小住。1837年他二十五岁的时候,第一次经过德国来到意大利,正是收获葡萄的清秋季节,他高兴极了。这以后有十年他大部分时间在意大利，拿罗马做根据地，在意大利各地和西西里岛游历，画画，间或回英国住一阵。他在旅行中积累画稿，回到罗马加工成彩色风景画，后印成册出售，多半是通过预约定印数。旅行画画的时候很快活，加工出版就免不了一系列麻烦。三十六岁以后，他的旅行扩大到东欧、希腊和近东许多地方，以靠近希腊西海岸的科尔富岛为根据地，那儿有他的一位好朋友做法官。四十六岁以后，除了一次埃及旅行之外，行踪不离地中海沿岸以及科西嘉岛等地。后来在避暑胜地卡恩住了几年，六十岁以后，他讨厌卡恩的喧嚣，迁居仍然在地中海沿岸但是在意大利境内的圣雷莫，直到七十六岁病逝。这十多年里边，除了应一位当上印度总督的朋友的邀请到印度和锡兰去旅行了一次之外，只在意大利和瑞士境内走走，没有远出。

李尔大半辈子到处漫游，不遑宁处，不能完全用搜集风景画的素材来解释。他的传记的作者戴维森说："他一生都感到一种迫切的愿望，要走动，要看新地方；他的幸福乃至，在很大程度上，他的健康，都有赖于这个欲望的满足。他选择地貌风景画作为他的职业决非偶然：他终身的愿望——描绘南欧和近东各地的景色，以及后来的印度和锡兰——给他的力求摆脱之冲动提供一个借口和一种理由。摆脱什么？主要是摆脱他当时所在的地方，摆脱习见的环境之单调，习见的行事之无谓，摆脱与人往来，这些人——不管他在什么地方和他们相遇，不管他觉得他们多么可取——他觉得他跟他们是根本上格格不入的。有时候，甚至在跟他最亲密的朋友在一起的时候，他也有这种感觉。他有一次在写给丁尼生的信里说:'我一辈子都深深地感觉,在我往来于其中的人们中间,我只是一个观众;我不觉得我是一个演员。'"

尽管如此,他一辈子还是交了不少朋友。他说他收藏着四百四十多人的来信。他自己也是个勤于写信的人;为了不妨害白天的工作,他常常四五点钟就起来写信,有时在早餐之前写二三十封信。

李尔画油画,也画水彩画。李尔的油画不怎么出色,比较死板。他自称是一个地貌风景画家,不为无因;他的目的就是如实地描画自然,他没有进一步的要求。他的水彩画比他的油画好。在他的水彩画里,他着重用线条,色彩是第二位的。这跟他的绘画从动物写生开始有关系,可是在他的后期作品中,他运用线条更加灵活,更富于表现力。但是最能表现他自己的是他的谐趣画,不论是配合他的谐趣诗的还是单独画的。

他通过绘画认识了许多名人。最阔的当然该数维多利亚女王,她看了李尔的两卷《意大利旅行画记》就请他教她画画,前后上了十二课。李尔并不怎么欣赏这一番际遇。在名流中最让他倾倒的是丁尼生夫妇,尤其是丁尼生夫人埃米莉。他给丁尼生的一些诗画插图,给另外一些诗作曲谱。他把他在圣雷莫先后建造的两所房子命名为埃米莉别墅和丁尼生别墅。他也曾经跟白朗宁夫妇有过来往,那是1859年在罗马。可是他不喜欢他们那儿的气氛。在他写给丁尼生夫人的信里他说:"我到那儿去过一回,我对白朗宁夫人的印象很好,我觉得她非常和气;——

但是她周围有些人我觉得'太不怎么样'了，这些人我躲还躲不过来呀；我听别人说，她经常为各色各样的人所包围，就像一棵玫瑰树栽在三四十棵向日葵、182棵金盏草、96棵大理花、756棵翠菊的中间，——到这种地方去还有什么意思呢？"

其实连他自己有时候也逃避不了这种恶客。为了卖画，他的画室不能拒绝来访的客人，可有时候实在受不了。他曾经写过一段《画室中的一场》：

（四位夫人，停留了二小时之后，起身告别。）

夫人甲。"亲爱的李尔先生，我们真是大饱眼福了。可是您呆在屋里的时间这么长，那可不好啊！您应该多多注意您的健康——工作是重要的，可是如果您把身体搞坏了，您就完全不能工作了，那可怎么办呢！请您现在就出去，您会客的时间应该限制在十二点或者一点之前。"

夫人乙。"这种扰乱多可怕啊！我真不知道您怎么还能工作！——您为什么让人这么样跟您捣乱？一想起我们占用了您这么多时间，我真是惶恐之至。"

夫人丙。"一点儿也不错：这正是一天里最好的时刻。您应该两点钟以后概不见客。"

夫人丁。"您应该早点儿出去散步，然后您可以用其余的时间会客。让人中间打断多可怕啊！"

（又进来四位夫人。原来的四位向他们跑过去。）

八位夫人。"多妙啊！多巧啊！亲爱的玛莉！亲爱的珍妮！亲爱的埃米莉！亲爱的索菲亚！"等等。

夫人戊。"亲爱的李尔先生这么好的天气您真不该呆在家里！"

夫人己。"我真想不出您怎么还能工作！您真不该一天到晚放客人进来！"

夫人庚。"可是您得让我们坐一会儿看看这些漂亮的画儿！"

夫人辛。"啊，好极了！咱们不上欧夫人那儿去了。"

夫人甲、乙、丙、丁。"这么说，我们也要再坐一会儿——真有意思。"

八位夫人合唱。"艺术家的生活多么可爱啊！"

艺术家。"该——的！"

当然，李尔的声名之所以能流传到今天是由于他的谐趣诗。李尔的第一本诗集《谐趣诗集》出版于1846年，里边的多数是十年前在达贝侯爵府上编给他的小朋友们玩儿的。这里边的诗多数采取"五句头"（limerick）的形式。很多人误会这种诗体是李尔创造的，其实不然。一家以出版儿童读物出名的出版社在1820年出版了一本有彩色木刻的小书，名为《十五位先生的故事和奇遇》，后来又出了《十六位姑娘的……》和《十六位老太太的……》。这些小书里边就用的是这种五句头诗体。李尔大概觉得这种诗体很合乎他的需要，就采用了。他的第一本诗集极受欢迎，他后来又陆续出版了三本谐趣诗集，在他死

后还出版了一本。后出的几本诗集里不尽数是五句头,也有别的诗体,但多数配有李尔自己的谐趣画。下面是李尔写的三首五句头:

一棵树上有个老翁,
讨厌透了一只蜜蜂。
人家问:"它老在嗞嗞?"
他回答"可不是!
真是个坏透了的蜜蜂!"

一个年轻的挪威姑娘,
坐在门坎儿上乘凉;
门扇儿轧得她像张纸儿,
她倒说:"这不算一回事儿!"
好个勇敢的挪威姑娘。

一个老头儿有一把大胡须,
他说:"真是应了我的忧虑!——
一只老母鸡,两个猫头鹰,
四个叫天子,一只小黄莺,
全把窝做进了我的胡须!"

下面是李尔的有名的诗篇《猫头鹰和猫咪》:

一

猫头鹰和猫咪出海去玩儿,坐的是豆绿色的漂亮船儿。
他们带了点儿蜂蜜,钱带的不老少,
外边儿包上一张五块钱的钞票。

二

猫头鹰看一眼天上的月亮,
弹着小吉他轻轻儿地歌唱:
"亲爱的猫咪!我的宝贝!
你不知道你自己有多美!"

三

猫咪直夸:优雅的猫头鹰!
你唱得多么甜,多么好听!
咱们别再耽搁,快点儿办喜事!
可拿什么做咱们的结婚戒指?

四

他们扬帆远去,一年零一天儿,
到了个地方儿普林树成片儿,
一头公猪站在当中间儿,
顶着个戒指在他的鼻子尖儿。

五

"公猪，公猪，我给你一毛，
买你的戒指。"公猪说："很好。"
他们把戒指拿走，第二天结了婚，
住到山上去跟火鸡做近邻。

六

他们吃的是肉末儿带榅桲，
使的是锃亮的银勺，
手拉手来到金色的沙滩上，
月亮底下跳舞够多么欢畅！

  这首诗是1867年冬天他住在卡恩的时候写的。那时候他有一个很好的邻居，有名的文学家兼历史家西蒙兹（John Addington Symonds），李尔跟他们一家都交上朋友，包括他们的两岁半的女儿珍妮特。他为她写了好些个谐趣诗，这是其中的一首。

  七年之后，他在印度旅游，住在一家旅店里。有一天，等开饭的时候，他给店主人的小女儿画鸟玩儿。当他画了一只猫头鹰的时候，旁边一个小女孩说："请您再给画一个猫咪！——因为，您知道，他们坐上一条船出海去玩儿，带了点儿蜂蜜，还有不老少的钱，外边包上一张五块钱的钞票。"李尔询问之后才知道这个女孩儿上学的学校里，老师把这首诗教给了全校的学生。李尔听了之后，也许会觉得他这一生没有白白地度过。

后记

1988年8月某日的《北京晚报》上有徐淦同志的介绍李尔诗画的文章，转录如下：

爱德华·李尔的谐趣诗画

徐淦

6月6日威斯敏斯特教堂给英国"打油诗"创始人爱德华·李尔立了一块纪念碑，350人出席典礼，他五岁的后裔献了鲜花。

这个教堂叫"西敏寺"，十分出名，除了英国国王，牛顿、狄更斯、达尔文等人都葬于此，1888年去世的李尔能在这里立碑，确是殊荣。

爱德华·李尔把自己的诗称为 Nonsense Poems，直译"毫无意义的诗"；用"打油诗"来意译，自然现成，却不完全贴切。

这位先生不仅是诗人，更是画家。李尔生前周游列国，原以画地理图和动物画为业。所以他有许多诗画，用某国某地开头，简直像中国的《山海经》。不知他以画配诗，抑或是以诗配画，反正画与诗都由他一手完成。

语言学大师吕叔湘先生在《读书》杂志1987年第9期上介绍过李尔，把他的诗定名"谐趣诗"。那篇文章诱发我托在美国留学的小朋友买来一部《全集》。我先来选择几首，供更多的读者一见其诗其画。不过外国打油诗何等难译，拙译实在是献丑，要请吕叔湘前辈和专家们笑而正之。

大胡子

这位老大爷说他啥也不怕,
怕只怕他的大胡子太大,
找房的会不会找上了它。
可怕也是白怕,瞧吧,
一对猫头鹰,一只鸡妈妈,
四只百灵鸟,一只小鹧鸪,
都在胡子里安了家。

长鼻子

这位年轻太太长个长鼻子,
长得一直拖到她的脚丫子,
她雇了个举止稳重的老婆子,
一路扛着她那惊人的鼻子。

大眼睛

年轻的姑娘爱化妆,
眼圈画出新花样,
她这么圆睁怪目,
吓得行人都逃光。

第二梦

我曾经无意之中买到一本 J. M. Barrie 的 *Dear Brutus*，羊皮面袖珍本，封面衬页有"松坡图书馆藏书"印记，扉页有"志摩遗书"印记。这是个三幕剧的剧本。《亲爱的勃鲁托斯》这个剧名颇为古怪，何所取义要读到第三幕中间才知道。在那儿，一位剧中人引用莎士比亚《裘力斯·凯撒》第一幕第二场里的两行诗：

> Casius　The fault, dear Brutus, is not in our stars, But in ourselves, that we are underlings.

朱生豪的译文（人民文学出版社本，卷八，218 页）是：

> 凯歇斯　要是我们受制于人，亲爱的勃鲁托斯，那错处并不在我们的命运，而在我们自己。

朱译把 underlings 译做"受制于人"在《裘力斯·凯撒》这个剧本里是合式的，在 Barrie 这个剧本里不合式，译做"小人物"或者"没出息的人"较好。

这个剧本看到一半的时候，我就觉得里边的情节好像在哪儿见过。看完全书才想起，1926年春季的一个晚上，曾经在协和医学院的礼堂看过燕京大学毕业班演出的一个话剧，名字叫做《第二梦》情节跟这个《亲爱的勃鲁托斯》十分相似，是它的译本或者改编本。还记得这次演出的说明书上导演的名字是焦菊隐。后来全国闻名的名导演。可惜我没有保存话剧、电影、展览会等等的说明书的习惯，对这次演出说不出更多的情况。转眼六十年过去了，不知道还有当年看过那次演出的人记得这回事没有？

《第二梦》的故事发生在一所乡间别墅，主人娄伯是个神秘的小老头，他请三对夫妇和两位小姐到他家里小住，时间是仲夏时节。英语里有"仲夏疯"之说，说是这个时候能出现许多稀奇古怪的事儿，莎士比亚的《仲夏夜之梦》是一个例子。Barrie 有意把离奇的剧情安排在这个时节。娄伯这个角色相当于《仲夏夜之梦》里的迫克。

剧本分三幕。第一幕和第三幕都在别墅的客厅里，客厅的窗户外边是花园，这花园会忽然变成一片树林子，在这里，用娄伯的话来说，"人家说，在这个树林子里你能得到第二个机会——这不是在座各位都在梦寐以求的吗？"第二幕的场景就是这个神秘的树林子。

剧中人有十位，除主人娄伯和请来的八位客人外，还有一个佣人梅忒。主要情节有两个。一个情节是浦尔第、浦太太（眉贝尔）、琼娜小姐三个人中间的恋爱纠纷。一个是狄尔塞和狄太太（爱俪思）之间的沧桑变幻。这五位是主角，其余的是配角。

第一幕里浦先生跟琼娜小姐谈情说爱：

浦　娄伯胡说八道，别理他。亲爱的，啊，亲爱的。
琼　他看见你亲我的手。杰克，要是眉贝尔起疑心！
浦　她没什么可猜疑的。
琼　是没什么可猜疑的。杰克，我现在没犯什么错误吧？
浦　你！（她给他只手，他抓住她两只手。）
琼　杰克，眉贝尔是你的妻子。我要是做出什么对不起她的事，我就要恨死我自己。
浦　（把她的手按在她的眼睛上）这一对眼睛不会做出对不住人的事。（他把她推开点儿，打量她，被她的女性的火焰烧焦。）啊，你真美。（几乎是责怪。）琼娜，你怎么这么美！

（她很愿意顺从他的意思少美点儿，可是她没办法。她把眼睛睁得更大，他把她紧紧搂住，免得看见她的脸。男人们就是这样寻找安全。）

琼　我一心一意要帮助她和你。
浦　我知道，我知道，我的亲爱的、勇敢的宝贝。

琼　杰克，我非常喜欢眉贝尔。我要成为世界上她的最好的朋友。

浦　你是她的最好的朋友。没有一个女人有比你更好的朋友。

琼　可是我觉得她并不真正喜欢我。不知道是为什么。

浦　（他的脑子比她灵）眉贝尔就是不了解你。我当然不愿意说我妻子的坏话——

琼　（严厉）你要是说她的坏话，我可不要听。

浦　亲爱的，你这么说，我更加爱你。眉贝尔心肠可冷了，她不懂得爱情。

琼　她不领会你的情义。

浦　对了。当然，我这个人也怪。琼娜，我常常觉得我很像一朵没有太阳晒、没有雨水浇的花。

琼　你让我的心都碎了。

浦　我想世界上没有比我更寂寞的人了。

琼　多可怜啊！

浦　只有想到你的时候我才好受点儿。你像一颗星星照在我头上。

琼　不，不。我愿意我有这么好，可是我没有这么好。

（中略）（两人接吻）

琼　花园里好像有人。

浦　（巡视后）现在没有人。

琼　我确实听见有人。（眉上）

眉　（带歉意）对不起，杰克，扰乱了你们；可是请你等一等再亲她。琼娜，请你原谅（她轻轻地拉上窗帘）我不要别人看见你们；他们不一定能理解你是多么高尚，杰克。你们现在可以继续了。

（眉贝尔退场，杰克不知所措，琼娜知道事情败露。）

琼　真没想到！可是，多么卑鄙！（快步到门口，喊眉贝尔的名字）

眉　（迅速回来）琼娜，你喊我？

琼　我要求你说明。（傲然）我问你，你在花园里干吗来着？

眉　我找东西。我丢了个东西。

浦　（永远抱希望）要紧东西？

眉　我一直把它当宝贝，杰克。我找的是我丈夫的爱。琼娜，会不会是你捡着了？要是你捡着了，又不稀罕它，我愿意要回来——破碎的，我是说。

琼　眉贝尔，我——我不让你对我说这种话。你居然说我——说你的男人——唉，可耻！

浦　眉贝尔，我不能不说我对你有点儿失望。你不是上楼去换鞋的吗？

眉　可怜的杰克。（若有所思）那么个女人！

（中略）

浦　眉贝尔，我不得不打开天窗说亮话了。如果你愿意，我一定对你忠诚；这是你的权利。可是我不能说假话，对我来说，琼娜是全世界唯一的女人。要是我认识她在认识你之前——真是命中注定！

琼　晚了，晚了。

眉　（嘲讽）对不起，我破坏了你们的美好生活。

琼　眉贝尔的嘴！总是她好，别人不好。

浦　你也注意到了？可怜的眉贝尔，这可不能让人钦佩。

琼　我不想出去了。她这么一来，真叫人扫兴。

浦　别理她，咱们一定要勇敢。啊，琼娜，要是咱们早认识！要是我能再从头开始！仅仅因为走错了一步就毁了一辈子，太不公平了！

这是第一幕里的事情。到了第二幕（神秘的树林）里，琼娜和眉贝尔的角色倒了个过儿，琼娜是夫人，眉贝尔是情人，浦尔第如愿以偿。浦尔第追逐眉贝尔，从这棵树后头追到那棵树后头。琼娜躲在一棵树背后。

眉　（浦尔第逮住了她）不行，不行，不行。我才认识你几天，就那个？再说，你夫人知道了会说什么！我要开始认为你是个可怕的人了，浦先生。

浦　到了这个时候你还不该叫我杰克？

眉　也许吧，如果你听话，杰克。

浦　要是琼娜能像你，该多好啊！

眉　像我？你是说她的脸？她的脸——也许说不上漂

亮，可也不难看。（挺大方的）我倒不在乎她的脸。你有这么一个靠得住的娇小的夫人，我为你高兴，杰克。

浦　（愁苦）多谢。

眉　要是琼娜现在看见你，她会说什么？

浦　做妻子的应该没有嫉妒心。

眉　琼娜嫉妒？杰克，告诉我，嫉妒谁？

浦　你要我，眉贝尔，你要我告诉你吗？

眉　我想不出她是谁，我看见过她吗？

浦　每逢你照镜子的时候。

眉　（脑袋一歪）多怪呀，杰克，不会的；我每回看镜子都只看见我自己。

浦　眉贝尔，你是多么的天真啊。要是琼娜，一下就猜着了。

（眉贝尔慢慢地明白过来，害怕。）

眉　不会的。

浦　（激动）要我告诉你吗？

眉　（心跳加快）我不知道，我没有主意。杰克，最好别说，一定要说也得那么样说，让琼娜听见了也不伤心，她是常常会忽然出现的。

（从琼娜藏身的树背后出来轻轻一声呻吟）

浦　要我那么样说，我宁可不说。（他急于要她知道他的真正为人。）眉贝尔，我不知道你看出来没有，我是跟别人不一样的。我一辈子都是不得不独来独往的。从小就跟别的孩子不一样。不到十二岁我就觉得万事不如人；现在也还是这样。我想世界上再也没有比我更瞧不起自己的人了。

眉　杰克，你是到处都让人赞赏的人。

浦　没有用；我自己知道。我总是觉得恋爱是伟大的激情，可是我又觉得恋爱的幸福只会降临到别人头上，不会到我头上。我希望从女人那里得来的太多了。这是我的悲剧。

眉　后来你就遇见琼娜。

浦　后来我就遇见琼娜。是的！我真笨，我以为她会理解我，说了些我自己也不相信的话。我怎么办呢，我刚才说过，我相信理想的恋爱不会降临到我头上的。不管在什么情况之下，我相信我的灵魂只能独来独往。

眉　琼娜啊，你怎么能——

浦　（坚定）不能怪她，眉贝尔，如果有错，错在我。

眉　于是你就跟她结婚。

浦　于是我就跟她结婚。我觉得这是一个男人应该做的。我对于世事一窍不通，我觉得有权利替一个女人付账是愉快的；看见她的衣服扔在我的沙发椅子也觉得高兴。慢慢地这种高兴劲儿也消退了。可是我不觉得苦闷，我的要求不高，我一直相信没有一个女人能探到我的热情的深渊。

眉　后来你遇见我。

浦　后来我遇见你。

眉　太晚了——永远不——永远——永远——永远

不。这是英语里最最悲哀的字眼。

浦　当时我觉得还有一个比这更悲哀的字是琼娜。

眉　你觉得我有什么值得你爱的呢？

浦　我想是我觉得你是那么像我。

眉　（睁大眼）你也注意到了吗？有时候我一想起来就害怕。

浦　咱们的想法完全相同；咱们不是两个人，眉贝尔；咱们是一个人。你的头发——

眉　琼娜知道你喜欢我的发式，这一个礼拜她都做这个发式。

浦　我没注意。

眉　所以她不再做这个发式了。（想）。我想不出一个能让琼娜好看的发式。你在那儿咕哝什么，杰克？有什么事别瞒着我。

浦　我在念一首诗，是我写的：只有六个字，"眉贝尔浦尔第"。让我教你好吗，亲爱的？念，"眉贝尔浦尔第"。

眉　（用她的小手遮住她的嘴，低声）我要是念了，杰克，我就对不住琼娜了。你可不能要我对不住琼娜啊。咱们走吧。

浦　（激动，毫不留情）念，眉贝尔，念。你看，我拿你的太阳伞在地上写了。

眉　要能这样该多好！杰克，我悄悄地念给你听。

（她一边儿念，他们一边儿往树林深处走去。衣服头发散乱的琼娜跟踪而去,夜莺重新唱起他的恋歌。)

第二幕的后一半,先出场的人物是狄尔塞和他的幻想中的女儿玛加利(有点像查理·兰姆的"梦中儿女")。狄先生现在是个自得其乐的画家(他在第一幕里是个学画不成,好酒贪杯,自甘颓废的角色),一边儿在树林中间一块空地上给月亮画像,一边儿跟玛加利有一搭没一搭地说些亲亲热热而又疯疯癫癫的话。从树林里走出来原先的狄太太爱俪思,衣衫褴褛,饥寒交迫。她看见他们,可是不认得他们。

爱　你好,小姐;你好,先生。
狄　(看见她眼睛在地下找什么)你丢了什么了?
爱　有时候旅游的人吃点心会掉下点什么。我在找呢。
狄　天哪,你已经饿成这个样儿?我真替你难受。
爱　(悻然)要是我得到我应当得到的,我不会比你们差——肯定比你们好。
狄　当然。
爱　我有过男佣人,有过汽车。
狄　玛加利和我可没这么阔气过。
玛　(刺痛)我坐过几回出租汽车,爸爸常常收到电报。
狄　玛加利!
玛　对不起,我不该夸嘴。
爱　没关系。你知道我是谁?尊贵的芬奇-法劳夫人——那就是我。

玛　这是个漂亮的姓。

爱　该死的芬奇-法劳。

玛　您不爱他吗？

狄　咱们不谈这个。我对你的过去不感兴趣，可惜我们这儿没什么吃的请你。

爱　有酒吗？

狄　没有，我自己不喝酒。让我想想……

玛　（高兴）我知道了。您说过咱们有五镑钱。（对穷妇人）五镑钱你要吗？

狄　亲爱的，别傻了，咱们还得付旅馆账呢。

爱　（充好汉）算了，我没问你要什么。

狄　请别误会，我也是经过沧桑的人。这儿有十先令，你拿着。（中略）

狄　可怜的家伙。我想她的日子很不好过，有一个人对不起她——至少该负一部分责任。（继续画画）我说，玛加利，咱们是幸运儿，咱们一定得时刻想到那些运气不好的人。

玛　对了，咱们得时刻想到他们。

狄　玛加利，一定要同情失败的人，同情那些老是失败的人——特别是干我这行的。要是有法子让他们在失败了三十九年之后突然一举成名，该多好啊！

玛　敢情。

狄　敢情。

玛　好是好，可怎么实现呢，爸？

狄　写信。"东南区阁楼公寓，顶楼，汤姆·伤心先生收。尊敬的先生，——国王陛下欣然购进阁下的杰作'马劳渡风景'。"

玛　"又启者，我把画价用一袋现金送上，让您能听见铿锵之声。"

第二幕到此基本上结束。第三幕里，这些到神秘的树林里去经历第二个机会的人陆陆续续回到房子里边，自然另有一番热闹。叹息的，抱怨的，觉悟的，议论纷纷，不能细说。总之是，当初每个人都是怀着既有后悔又有希望的心情走进树林子去的，出来的时候各人的感受可不一样。浦尔第的梦想实现了，跟情人结成夫妻，可是他自己的为人丝毫没改，又跟另外的情人调情，他忘了这就是他原来的夫人。在一定程度上，狄尔塞的梦想也实现了。他把酒戒了；他在画画中自得其乐，虽然没发大财；特别使他满足的是他有了一个可爱的女儿。可是回到现实的世界，他是不胜其怅惘。狄太太（爱俪思）的遭遇是不幸的。她先是如愿以偿，嫁给了她向往的阔人，没料到他是个骗子。她到处流浪，弄到乞讨为生，而且乞讨到她的前夫身边（她当然不认识他），这真是个天大的讽刺。这几个主角之外还有些配角，也都在这神秘的树林一进一出之间获得一些可喜、可惊、可叹的经历。总之是每个人都做了一场梦，除了别墅的主人娄伯。

J. M. Barrie 一生写了 38 个剧本，其中数《可敬的克莱登》和《潘彼得》最有名，前者有余上沅和熊适逸两个中文译本，后者好像也有译本，身边没有书可供查考，说不出译者姓名。《亲爱的勃鲁托斯》名气没有那两种大，可是第十五版《不列颠百科全书》里他的小传的作者认为比那两种更好，代表 Barrie 的最高成就。

书太多了

今年春节期间,因为感冒,在床上躺了几天,感觉无聊,随手拿来几本书消遣。其中有一本是《现代英国小品文选》(牛津大学出版社《世界名著丛书》第 280 种),共收文章 47 篇,其中有两篇谈的是书多为患,很有点意思。

一篇的题目就叫做《书太多了》,作者 Gilbert Norwood(1880—?)。大意是说千百年来出版了无数的书,现在每年还在大量增加,"我们被书压倒了,憋死了,埋葬了"。(以下撮叙,免加引号。)请不要误会。我不是指那些"博学"之书,也不是反对那些无聊的低级趣味的小说。我说的是那些好书,英国的和外国的种种名著。相传有句话:萨福的诗少,但都是玫瑰花。可是如果每张桌子上都铺满玫瑰花,每棵行道树上、每根路灯柱子上都挂满了玫瑰花,走进电梯,铺满了玫瑰花,打开报纸,掉出来一堆玫瑰花,怎么办?要不了几天就得发起一个消灭玫瑰花运动。

书,好书,名著,多得不得了,怎么办?对待这个问题,大致有四种办法。一种人是干脆放弃。他说:"我没有时间。"可是他一辈子内心惭愧,人怎么能不读书呢?

第二种人是心里盘算,哪一类作品他读得了,然后找个似乎说得过去的理由把其余的书全都给否了。如果有个青年向他求教:"您觉得吴尔芙夫人怎么样?"他就回答:"亲爱的先生,关于吴尔芙嘛,我的意见恐怕对您没什么用。我怕我是落伍了。这些现代派在我看来是迷路了。我觉得菲尔丁和奥斯丁更合我的胃口。"那个青年想,吴尔芙大概不怎么样。

第三种人面对这无法解决的问题,采取随大溜的办法。他把《太晤士报文学副刊》里谈到的作品全都拿来拼命读,拼命读,因为他怕有比他更拼命的人跟他讨论他没读过的书。这第三种人在知识分子里占多数,到处都有。他们最坏事。文学有两大用处:主要的用处是引起并满足人们对生活更敏锐的感受,较肤浅的用处是在社交场所提供谈助。这第三种人不但是对第一种用处全无认识,连第二种用处也让他搞糟了。人们走到一起,谈谈彼此看过的书,目的是找个共同的题目交换彼此的乐趣。可是这第三种人往往与此相反。他挑选一个多产的作家,盘问他的俘虏,终于找着一本后者没读过的书,于是大发议论,说这本书怎么怎么的好,是这位作家首屈一指的杰作。我们崇拜商业,把读书这个高贵的艺术也给毁了,因为虽然竞争是做生意的命根子,它可是破坏社交及其艺术的毒药。生活中最好的东西的繁荣,有赖于共享而不是通过垄断。

第四种人最可尊敬。他们的主张可以称之为精华主义。他们说,"我们既然无法读所有的好书,那就让我们认识一下从古到今东西各国的最好的东西吧。"他们先饱尝一顿英国文学,然后转向但丁、歌德、托尔斯泰、拉辛、易卜生、塞万提斯、维吉尔、荷马。这些读者令人尊敬,但不足效法。事实上他们是大大的误会了。不能因为一位作家举世尊崇,就断定每一个读者都能够从他得益。一个十二岁的孩子,尽管聪明,却无法领会弥尔顿或者萨克雷的奥妙。为什么?因为他还没有为了领会他们的作品必不可少的生活经验。这个道理适用于精华主义的信从者。把一位刚刚浏览过英国文学的读者匆匆领到那些外国大作家面前去,他会丝毫不感兴趣。熟读莎士比亚戏剧的人会觉得拉辛傻头傻脑;受过英国诗歌传统熏陶的人会觉得维吉尔扭捏,荷马幼稚,但丁根本不是诗人;在英国心理教条里泡大的人会认为易卜生是个老混蛋。他们苦闷,然而不敢不读下去,因为这些人是伟大的作家。他们不知道要领会这些作家的作品,得先熟悉他们的文学传统,熟悉他们的民族文化,而初次接触的人是不具备这种条件的。任何作家都要求他的读者有一定的装备,越是大作家,对读者的要求越大。这些大作家总结了他们的民族的政治上、宗教上、哲学上、文学上的丰厚经验。精华主义是一种海市蜃楼。文学不能这样来领会,生活也不能这样来领会。比如阿尔卑斯山的少女峰,把六尺峰顶锯下来,搁到您府上的后院里,邀请您的朋友们来鉴赏它的宏伟景色,能行吗?这种方法用到旅游上,大家都知道是不行的。一个人熟悉伦敦、巴黎、纽约、罗马,不等于认识了英国、法国、美国、意大利。还有，在文学里边也像在生活里边一样，真正打动人的是细节。明白地狱里的地形是一回事，让但丁成为你的精神财富的一部分是完全另一回事，得通过注意、理解、消化那些个恰好是你说"没时间，顾不上"的细微情节。

精华主义的最有代表性的表现是那些可怕的《世界最佳书目》。谁看见了这种书目都会头痛。为什么？因为这种书目不近人情。没有人能照单全收，虽然每个人都会喜欢其中的这几种或那几种。拼凑这样的书目有点像在世界著名的雕像中这儿截取一个最美的脑袋，那儿截取一只最美的胳膊，拼成一座最好的雕像。这能行吗？可就是有那样的书目。结果呢？成千上万的人在追求合成文化，正如有人买合成珠宝一样，在他们的普普通通的西方脑筋里嵌上几块《梨俱吠陀》，像一个霍吞托人戴上一顶丝绒礼帽。正是由于有这些书目，才让基本上读不下去的书留在人们的手上。

这四种读者都没能解决书太多的问题。怎么办？有人说，"能读多少读多少，读不了的让他去。"这也不成，因为那一大堆读不了的书发挥坏作用，它叫老实人心里烦，悲观；它让不老实的人像煞有介事，生骄傲心。只有一个办法：大批地销毁。好书，烧掉它十分之九；坏书，不用咱们操心，有一种力量像地心吸力那样把它往造纸厂拽。倒是会出现两个问题：销毁哪些书？用什么程序进行销毁？Norwood 说，他都有答案。

以下，他回答这两个问题，一板三眼，把笑话当正经话来说，有点斯威夫特的味道，我就不介绍了。下面介绍第二篇文章，题目就叫做《毁书》，作者 G. C. Squire（1884—?）。这篇文章不长，抛去头上一段，译抄如下。虽然加了引号，可也不是一字不落的翻译。

"书这东西，毁起来也不是很容易，有一回差点儿把我带到绞架的影子里。那时候我住在彻尔西的一家公寓的顶层小套间。不高明的诗集一本一本地聚集成堆，到后来我不得不在两个办法之中进行选择：要么把这些书赶出去，要么把房子让给它们，我自己另找住处。这些书卖不出去，没人要。所以我只有把它们扔出去，或者把它们彻底消灭。可是用什么办法消灭呢？我没有厨房里的大炉灶，我不能把它们放在小煤气圈上烤，或者把它们撕开，一片一片地放进我书房里的小火炉里烧，因为不把一本书拆开就想烧掉它，就跟要烧掉一块花岗石一样难。我没有垃圾桶；我的垃圾倒在楼梯拐角的一个活门里，顺着一条管道往下走。我的困难是有些书的开本大，会把管道堵住；事实上，房管处已经在门上写好'只准倒脏土'。并且我也不想让这些书囫囵着出去，让哪位倒霉的清洁工家里人从这些书里对英国的诗坛得出错误的印象。所以最后我决定用许多人对付小猫的办法来对付这些诗集：把它们捆起来送到河里去。我缝了一个大口袋，把那些书塞进去，往肩膀上一背，走下楼梯，走进黑夜。

"我到了街上，差不多已经是午夜。满天星斗；黄里透绿的灯光在马路上发亮。街上很少行人；拐角处的树底下一个兵士搂着一位姑娘告别；时而听到要过白特西大桥回家的行人的脚步声。我把大衣的领子竖起,把我的口袋在肩膀上安顿好,大步走向一个咖啡店有亮的窗户,那是大桥这一头的标记,桥上的钢梁依稀可见。往前经过几家门面,我跟一位警察对面走过,他正在用电筒检查人家地下室窗户上的镣锦。他回过脸来。我觉得他有点怀疑之色,不禁微微发抖。我想,他会不会怀疑我口袋里边是赃物?我不害怕,我知道我禁得起检查,没有人会怀疑我这些书是偷来的,虽然它们全都是初印本。然而我免不了还是有点不自在,谁让警察用怀疑的眼光看上一眼都会不自在,谁让人发现在偷偷摸摸干什么,不管多么无害,都会有点不自在。那警察又往前走,显然他认为我是清白的。我继续前进,竭力抑制自己,不让走快,一直走到堤岸。

"这个时候我才忽然明白我的行动意味着什么。我靠在堤岸的短墙上,朝下看那河里的淡淡的发亮的漩涡。忽然在我附近响起了脚步声,我不由得一步跳离短墙,又开始向前走,装出一副满不在乎而若有所思的样子。那过路人走过我身边,一眼也没看我。那是个流浪汉,他有他的思虑。我又站住,骂我自己没出息。我想,'该动手了'。可是正当我要把书扔进河里去的时候,又听见脚步声——慢而整齐。忽然一个念头,像可怕的蓝色的闪电,在我脑子里出现:'掉进水里去的泼剌一声怎么办?一个人深夜靠在堤岸的短墙上,他的俩胳膊一挥,水里大大的一声泼剌。任何看见或者听见的人(好像总是有人在附近)一定,并且有充分理由,都会立刻冲过来抓住我。他们准会以为我扔下去的是一个婴儿。我要是告诉一个伦敦警察,说我冒午夜严寒偷偷地走到河边，为的是摆脱一口袋诗集，他能信吗？我几乎能听见他的粗鲁的嘲笑声：'你去说给水上警卫队听吧，你小子！'

"就这样，我走过来，走过去，也不知过了多大工夫，越来越怕让人瞧见，一会儿鼓起勇气去干，又在最后一分钟退却。最后我还是干了。在彻尔西大桥的中段有几个伸出去的带座椅的半圆形。我憋足了气离开堤岸一直走向第一个半圆形。到了那儿，我跪在了座椅上。朝下一看，我又迟疑了。可是我已经义无反顾。我咬牙对自己说：'怎么？你一向在朋友面前充好汉，可实际是个缩手缩脚的胆小鬼？你这回干不成，以后再也抬不起头来了！不管怎么样，即使你为此而被绞死，那又怎么的？天哪，你这没出息的东西！比你好的人上绞刑架的有的是！'使上绝望带来的勇气，我把肩膀上的东西朝下一扔。那口袋垂直往下掉。大大的泼刺一声。过后恢复了静悄悄的。没有人来。我走回家，边走边想，那些书掉进冰冷的水流，慢慢地沉下去，最后停留在河底淤泥里，无人理会，被人忘却，无情的世界若无其事地朝前去。

"可怕的蹩脚的书，可怜的无辜的书，你们现在还躺在那儿；现在已经盖上一层淤泥，也许；也许有那么一小块麻布片儿从装你们的麻袋里伸出来，在浑浊的河水里飘荡。献给达爱娜的颂歌，赠给爱赛尔的十四行诗，以兰斯洛骑士的恋爱为题材的剧本，远望威尼斯感赋，你们躺在那儿不生不死，你们也许不该遭遇这样的命运。我待你们太狠了。我很抱歉。"

这两篇文章都从书太多了说起,都归结为要毁掉一些书。可是理由不同:前一篇是说书多了看不过来,后一篇是说书多了没地方搁;前一篇是替众人着急,后一篇是为自己辩解。两篇文章的用意也不同:前一篇评论几种读者的不同读书法,后一篇刻画一个人事涉嫌疑时的心理状态。两篇文章都是寓庄于谐,这是英国小品文常用的手法,有悠久的传统。

好书太多,读不过来,怎么办?照我看,这也跟游泳一样,走进水里去再说。免不了要喝两口水。多数人都是这样学会游泳的,也有人学不会,那也没办法。

至于书多搁不下,我有切身的体会。并且我看《光明日报》的《东风》副刊上登的《我的书斋》系列文章,有不少是为不能把书全上书架诉苦。有人把书搁到衣柜顶上,有人把书塞到床底下。我深深感觉,空间、时间、金钱这三样东西可以交换。空间大,书摆得开,要哪本书,手到拿来;没有这个条件,就只能拼时间,从柜顶上、床底下一摞一摞取出来,一本一本找。你有钱,可以请人抄材料,省下自己的时间,也可以扩大居住面积,不但是不必跟老婆(或丈夫)儿女争座位,还可以坐拥书城,"顾而乐之"。但愿在不久的将来这不再是痴人面前说梦。

后记

这篇"杂览"在《读书》上发表之后,我又想起法朗士的一篇随笔。说的是有一天他发现他用来装很多作家送给他的初印作品的旧澡盆已经满了,他就打电话请来一位收书的。这位收书的把澡盆里的书装进他带来的几条麻袋,然后掏钱给法朗士。法朗士说:"怎么?您给我钱?我还以为我得给您酬劳呢!"这跟 G. C. Squire 的那篇《毁书》有异曲同工之妙,都是挖苦那些初出茅庐的作者给文坛名人尤其是评论家送书的徒劳的。

买书·卖书·搬书

前年我写了一篇《书太多了》,登在《读书》1988年第7期上,里边摘录两位英国作家的文章,其中第二人是G. C. Squire。最近在旧书堆里翻出他的一本随笔选集《美人鱼酒店里的生活》,重读了一遍,里边有不少篇谈到与书有关的事情,现在挑出三篇来给《读书》的读者做个介绍。关于作者的生平,我在一本《现代诗选》的"作者介绍"里找到他的小传:生于1884年,剑桥大学圣约翰学院毕业。诗人,评论家,随笔作家,也写过短篇小说。曾任《新政治家》文学编辑和代理主编,《英国文学家传记丛书》主编。最为世人所知的是1919年创刊文学杂志《伦敦信使》并任主编直到1934年10月。他的著作,除书评集三卷外,有随笔集、短篇小说集以及诗集多种(正经的创作和游戏性的仿作)。在这相当简单的小传的头上安了个头衔,说他是一位有名的journalist,这个字在英汉词典里都翻译成"新闻工作者",可是这位作家怎么样也难于列入"新闻工作者"的队伍,这也可以算做在不同的语言里往往有名目相同而实质不完全相同的字眼的例子。

我要介绍的第一篇文章是讲买旧书的，题目却是《一位朋友》。他先从旧书市场里善本越来越少、价钱越来越贵说起，说这都是那些美国大学来英国重金搜购的结果。然后说在伦敦的偏街小巷，尤其是在外地小城镇的书店里，也还能不花很多钱买到已经罕见的书。他说他有一位新近去世的老朋友就有这个本事。他的藏书只有几百本，可都是他"发现"的。他知识广博，使他能够一眼就看见那种外行人看不出有什么可稀罕的书。他好像有一种本能，走进一家书店就径直走向那唯一值得一看的书架。我偶尔想起几件往事。有一回在白教堂路一架卖旧书的手推车上——那儿的书都是拍卖场里筛下来的——他拣了一本16世纪初年Pynson印书馆的黑体大字书、有非常悦目的木刻插图。我又曾经跟他一块儿走进Bloomsbury的一家书店，看着他无目的似的登上一个梯子，不露声色地从书架的最高一格取下三本黑体字小书，亨利八世的法规集，其中有一本是不列颠博物院所没有的。在这种事情上，关键在于他的博学在书店老板之上，因为有些书的价值是在表面之下的。然而他不是一位隐士，一个怪人，一个驼背的书呆子。他不是通过书本看人生；他做他的本职工作——给一个学院编书目，他划他的船，他喝他的酒，他仰看青天，俯视大地。然而他爱书。他在书上花费很多时间。早餐的时候，他看书商寄来的书目；午饭的时候，他改正参考书里的错误。他走到哪儿都随身带着一本小牛皮装订的旧书。

另一篇的题目叫做《可怕的卖书人》。文章一起头说，人们常常埋怨，卖书的人对于他卖的书知道得太少了。如果卖书的人是个懂得书的人，顾客会买更多的好书。这个话有点道理。确实有少数卖书的人爱好"培养"有希望的青年顾客，让他们终于成为坚定的买书人。事实上，我们不妨说，从买书人的角度看，理想的世界是卖新书的人对于他卖的书无所不知，卖旧书的人对于他卖的书一无所知。就这后半句话说，我早些时候的一次经历足以证明。我不止一次遇到卖旧书的，他的学问让你甭想从他手上买到一本便宜书；可这一回我遇到一位对他店里的书的兴趣之浓使我一本也没买成。他不是一位真正"行家"，很可能他的店里有真正的珍品而他一无所知。可是他的知识的渊博，那是没有疑问的。我走进他的书店的时候，他正坐在那里看一本什么书，眼镜推在额头上，胳膊支在桌子上，两只手埋在头发里，胡子几乎碰着书。我说："我到处看看行吗？"他说："没问题。您的兴趣在哪方面？"我的回答是不着边际的，"哦……书。"他说："书的门类可多了。您喜欢诗吗？"我轻轻地嗯了一声，他就把我领到他放诗集的书架那边。可是还没等到我取出一本书来，他已经让我明白，真正"到处看看"的是他不是我。您看，这是 Kirke White 的一本诗集。您看过没有？他那首赞美诗真了不起！（从头到尾背一遍）他那一生！屠夫的儿子，律师的书记。有数学的天才，剑桥给他奖学金名额。不幸早死，否则很可能成为英国文学史上一颗明星。您对意大利文的书感兴趣吗？这里有一本书品很好的《订了婚的一对》。这本书的印数可真不小！当然，买的人多才印得多啊！他这么滔滔不绝，我怎么拦也拦不住。我的手指头刚刚碰着一本书的背脊，他已经另外拿出来一本，把我拉过去热情介绍。这回是葛德文。您喜欢他的小说《开勒白·威廉》？当然！可是您读过他的英国史吗？这本书是对克拉伦登的英国史的答辩。克拉伦登是一位大作家，可是他不公正。于是从克拉伦登谈到查理二世，从查理二世谈到他的情妇。然后话锋一转，拿出1784年出版的一本书，那里边谈到制造首相的秘方：主要成分是虚伪、诈骗、腐败、撒谎。这一下打开了闲扯淡的大门。1784年的首相是谁？当然，是小皮特！（"对，"我说。）不对，是洛金罕。（"对，"我说。）不对，是布特。就这么扯下去。在这家书店里我一共待了两个小时；两小时之中，我钻空子翻看了六本书，六本没什么意思的书。我敢说这个书店里真有好书，可惜没让我碰上。我一本书也没买走了出来，书店主人很不高兴，他的热情遭到这样的冷淡。我不知道这老头儿怎么养家活口。我想他大概有点儿家底。可是从此以后我对另一路红鼻子的旧书店老板要比以前更有好感，他只知道书的"外情"，他坐在他的店里一个角落的旧书堆上抽他的烟斗，像一个流浪汉坐在路边石子堆上休息一样。可惜这种书店老板现在不多了。

　　第三篇文章谈的是书房搬家。作者说，我刚刚做完一件事——把我的书房从一间屋子搬到另外一间，我虔诚希望我在这一间里度过我最后的日子，虽然正像首相先生那样善为说辞，"宁可晚点儿，而不是早点儿"。我一个晚上又一个晚上来回爬楼梯，把楼上的书往楼下搬——我从来没想到我的书有这么多。一趟又一趟，单调得像坐环行线的地铁；空着手上楼，然后弯腰驼背，两只手和一个下巴颏儿紧紧夹住老想中途逃窜的厚厚一摞书，一步一步蹭下楼。这种事情开了一个头就没法子半途而废；可是在进行之中有时候真是恨透了书，就像建造金字塔的奴隶恨一切纪念碑一样。又苦又重的厌书症淹没了一个人的灵魂。让这一大堆纸、油墨和死人的思想感情把你捆得紧紧的，多么可耻啊！让这些乱七八糟的东西老老实实地待在那儿，让自己作为一个自由自在的、无拘无束的、不识字的超人走向世界，岂不好得多、高得多、勇敢得多吗？文明！去它的！幸而好，这种心情在我身上只是昙花一现。它随着乏味的体力劳动的需要而产生，也随着这种需要的消灭而消灭。然而搬运本身几乎是这一连串操作里边最短促、最少烦恼的一步。给你的书打打土，是可做可不做的，但是把你的书整理好，那麻烦可大了去了！

　　当然，如果你是连书带书架一块儿搬的，那就好。你可以把书取出来，按原来的次序放在地板上，等书架搬齐了，再把书搬上架，各归原位。可如果不是连书架一块儿搬，而你又喜欢物以类聚，书以群分，那就麻烦了。我的情形是再坏没有了。把我从里边撵出来的书房是矮而方的；把我赶进去的那一间是高而拐个弯的。我的原来贴墙的书架没有一个能配合我的新的书房的墙；书架全得新做，要比原来的多，形状和排列都得完全改变。旧的安排绝对不能再用，可是要设计一个新的方案让我额头出汗。如果是个从来不想到去查书的人,事情好办,把大书搁在高格子上,把小书搁在矮格子上,然后背靠在最近的柱子上,掏出烟斗,抽一袋自得其乐的烟儿。可是对于一个要知道哪本书在哪儿,并且有一种系统分明、秩序井然的要求的人,这是不可能的。哪怕是系统性不强的人也要除书的大小之外还按书的内容分分类;而且,拿我来说,还得加上一重困难,那就是非常强烈的时代次序感。因为这对于找书极其方便。可是如果你的新的架阁跟你的旧的安排完全不能配合,大本子的什么汇编的册数多得不得了,非要侵占给大本子的纯文学保留的格子,小本子的外国诗集硬是挤进了为小本子的国际贸易、伦理学、考古学保留的领地,那你就只能干着急。我现在就正处于这种状态;广阔的地板上铺满了锯末、白土子、钉子、烟灰、火柴头,以及世界上伟大作家的伟大著作,而我坐在它们中间。幸而,用罗斯金的话来说,"我将在好久好久好久之后才会再搞这么一回"。

抄完了要抄的文章之后,少不了自己也得说上几句。Squire 在这里谈到一位善于买旧书的朋友,精通版本目录之学,可是也许是缺少当藏书家的财力,也许是没有当藏书家的兴趣,始终是个玩儿票的角色,只有为数不多的善本书,可也自得其乐。中国的藏书家是有长远的传统的,即使到了今天,除了像西谛、黄裳等名家以及不愿意出名的藏书家之外,像 Squire 介绍的"一位朋友"那样的业余性质的藏书家,我们这里应该也不少吧。很希望有人谈谈。

Squire 介绍的"可怕的卖书人"确实可怕,幸而我们这里没有。我们这里有的是,或者说多的是,一问三不知。当然,这是卖新书的书店里的情形,古旧书店的情形好些。可是即使在古旧书店,能够对顾客不即不离,善于引导的朋友似乎也日见其少了。

最后谈到搬书,这实在是非常苦恼的事情。Squire 讲的搬书是要求插架井然,要什么书一索即得。在我辈看来,这个要求是太高太高了。我们的最高要求仅仅是有足够的空间把所有并不太多的书安顿下来,并且能够按常用不常用的顺序分别安排在容易拿、比较容易拿、难拿、十分难拿的地方。如此而已。这是就已经定居的地方而论,要讲到连人带书一块儿搬家,那个苦恼就更大了。

《文明与野蛮》译者序

1931年春天看见周作人在一篇随笔里提起路威教授这本新著，过后不久便在上海的一家书店里买到最后的一本存书。夏天多雨，不能乱跑，而又凉爽，颇思弄笔，惭愧自己不会"创作"，便把这本书翻译几章。秋后奔走衣食，忽南忽北，时亦偷闲续笔。终于在今年年初完成了这件小工作。

原书名 Are We Civilized?—Human Culture in Perspective（1929）。著者 Robert Heinrich Lowie，1883年生于维也纳，十岁时迁居美国，后入哥伦比亚大学从 Boas 教授治人类学，1908年受博士学位，入美国自然历史博物院为人类学组研究员，1921年起任加州大学人类学教授。他的专门研究是平原区印第安人，在这方面，有不少专刊；此外著有《文化与民族学》(1917)、《初民社会》(1920)、《初民宗教》(1924)、《国家之起源》(1927)等书。

诚如作者原序所说，本书是为非专门研究人类学的人而写的，所以不足以代表作者在他的专门园地里的成就和主张，可是以文章而论，可说是所著诸书中最可喜的一本了。他从吃饭穿衣说到弹琴写字,从中亚土人一分钟捉89个虱子说到法国国王坐在马桶上见客,从马赛伊人拿太太敬客说到巴黎医院里活人和死人睡一床,可说上下古今,无一不谈,而又无谈不妙。他决不板起面孔来教训,也不引经据典来辩论,他只罗列逸趣横生然而确凿无疑的事实来给你看,叫你自然心悦诚服。

本书阐明文明的历史,着眼在全人类的贡献,以破除"文明人"之自大狂为主旨。对于自命为天之骄子的白种人、特别是他们里头的种族主义者,抨击不遗余力,第4章可说完全是和他们作战。此外又在许多处指给我们看,文明人的"文明"和野蛮人的"野蛮"往往很难分别高下。随便引两句:"假发当然是要拍粉的……在几十万英国人和法国人饿得要死的时候,大量的面粉浪费在假发拍粉上。然而哲学家还像煞有介事的讨论野蛮人的无远虑。"(第10章)"他们(印第安人)里头的非法性交当然要比维多利亚时代的欧洲中产阶级家庭里头多些;可是倘若我们把欧洲乡间的风俗和城市中的卖淫加在里头算,那就印第安人或许还要显得规矩些。"(第13章)"现在我们的重要些的城市无不拥有大量的警察,然而纽约和芝加哥的盗案还是层出不穷,匪党以机关枪自卫,才不怕你的警察……让我们再回到克洛印第安人。他们没有牢狱,没有法官,也没有具强制力的警察,居然能很和睦地过活。"(第15章)"争斗与口角,憎恶与虐害,在他们(格林兰人)里面几乎绝迹,他们看见我们的水手打架,他们说,这些人好像忘记自己是人了。他们又说,那些军官鞭打水手,是不拿他们当人,简直是拿他们当狗。"（第23章）这样的例子书中随处可见。

同时著者给我们提示文明之真实历史。他告诉我们，人类是既笨且懒的，在文明的进步上无所谓"必然"。"守旧"是人类的本性：佛伊哥人赤身露体在冰天雪地里挨冻；罗马人有整洁的城市，而17世纪的柏林市民在大街上养猪。"文字的历史是人类的愚蠢的冷酷注脚……自始至终，人类在胡乱摸索，倔强的骡子似的咬住不合用的方法不肯放。""机会"占很大的力量：望远镜最初是当作儿童的玩具；火药最初用来放烟火；裸麦初入欧洲，当它是一种无用的莠草，山地居民偶然发现它能耐严寒，人类的食粮便又添一种。"文化就这样偷偷地打后门溜了进来，它生来爱这一套。"

其次，著者告诉我们，文明是一件东拼西凑的百衲衣，谁也不能夸口是他"独家制造"；"转借"（borrowing）实为文化史中的重要因子。欧洲的拼音字母的始创者是尼罗河上的埃及人，经过了菲尼基人的手传到希腊，希腊人加了一番改造又传给罗马人，罗马人又稍稍修改，才成为现在西欧通行的一式。现在举世通行的数字系统的发明者是印度人，而把它传进欧洲的却是中世纪的阿拉伯人；在这以前，连那聪明的希腊人也"没有零的符号，也不用定位法记数。因此很简单的算术，给他们演算起来就麻烦不堪"。另一佳例是瓷器的发明。中国很古便有手制陶器。公元前3000年以后，埃及人发明的陶轮从近东传来；汉朝的时候，中国人的制陶术上又加上另一西洋（也是埃及来的）花样——涂釉。但是他们不是纯粹的模仿者，他们创造出一样新东西——真正的白瓷。"从外国采取一种有用的意思，这并不是丢脸的事情。所有复杂的文化都是这样东挪西借地建立起来的，像中国文化那样借用了外来的花样因而激起创造的努力者，往往产生惊人的结果。"当然，只有不长进的民族才不肯向人家学习！

所以，路威教授要我们屏除种族的和时代的自大心，用远大的眼光来观察人类文明的全史。他要我们知道，陆地交通上的"真正划时代的发明不是一分钟一英里的火车。先陶器时代的徒步旅行之改良（始穿鞋），陶器时代人之始用牲口，铜器时代人之发明车轮——这些发明使后来的一切发明相形见绌"。他要我们知道，"我们尽管有土壤化学和畜牧学，我们没有能在古代文化传给我们的农作物和家畜之外增加一个重要的新种。"他要我们敬重那些奠定我们的文化的基础的先民。同时他又叮嘱我们千万要把那浅薄的乐观主义放弃；他说："人类不是自然的主人，也永远不会成为自然的主人……我们轻轻巧巧夸口征服自然，其实自然已经定下界限，叫我们不能越雷池一步。"而且，先民虽然造就了一些文化，却"在这宝贵的遗产里掺杂了许多渣滓……后世子孙学会了琢石为刀，也学会了用刀截指以服丧或祀神。火器杀禽兽也杀人类。君主立法以治国，也制刑以残民"。总之，人类是愚蠢的，过去既是如此，谁能担保他将来只做聪明事？

天知道，人类需要多几个这样的诤臣！

致谢友人杨人楩君和浦江清君，这个译本几度中断，倘非他们鼓励，大致不会续成的。

《文明与野蛮》重印后记

这本书的原著出版在 1929 年，译本出版在 1935 年，已经半个世纪过去了。译本是生活书店出版的，现在三联书店的同志说这本书还值得重印，我就拿出来通读一遍，在词语上稍微做了些修改。有几处译文可疑，因为没有找到原著对读，只好不去改动。

我年轻的时候喜欢看看人类学的书，并且动手翻译，一共译了三本。第一本是 R. R. Marett 的《人类学》，是《家庭大学丛书》的一种，是一本以简明为宗旨的入门书。第二本是 R. H. Lowie 的《初民社会》，算是一本专门著作。第三本就是这本《文明与野蛮》，也是 Lowie 写的，是一本外行内行都能欣赏的"科普"读物。前两本书都是商务印书馆出版的，这一本也首先送给商务去看，可是退回来了。可能是因为商务在"一·二八"战事中遭受重大损失，暂时把力量放在重版书上，不亟亟于出新书。也可能是因为这本书的写法有点"亦庄亦谐"，不像一本教科书或者准教科书。正在这个时候，有一个正在筹建的小出版社托人找书稿，辗转找到我，就把这部稿子拿去了。不到半年，听说已经排校完毕，可是又等了一年，不见出版。一打听，说是因为资金周转不灵，不知道什么时候才能付印。问他把原稿要回来，不给，要付给排版费才给。当初是订了出版合同的，可是没有订明交稿后多长时间内出版，于是法律就允许他千年不印，万年不还。原介绍人直对我抱歉，可是他没办法。后来闹到上海租界里的洋法庭，还是不得解决。最后是由生活书店代付部分排版费才把原稿赎回来，由生活书店另行排印。这就是这本书1932年就译完可是直到1935年才出版的原因。后来抗日战争时期我在四川，有一位穷朋友要开书店，要找些能够暂欠稿费的书稿，我为他翻译了《伊坦·弗洛美》。他的书店没开成，可是他不是把稿子送还了事，而是把它辗转送到上海文化生活出版社，我是到书已经印出来才知道的。两件事情的开头相同而结尾不同，人之贤不肖是可以相去很远的。

这本书原来的书名是《我们文明吗？》，我把它改了。为什么？"我们文明吗？"是作者站在白种人的立场作自我批评，可是我怕如果译本沿用这个书名，很容易引起某些读者的阿Q式反应："原来你们也不过如此，还是我们炎黄子孙比你高明！"因此我把书名改了。时间过去五十年，是不是还会有这种妄自尊大的读者？我想是不会有了，尤其是经过十年动乱之后，谁都不能不认识到我们的文明古国有时候是很不文明的。

那么会有些什么样的反应呢？有些读者看了这本书会觉得仿佛参加一次海客谈瀛的报告会，很有趣，可也就是有趣而已。这样的读者我想总是会有的,到哪一年都会有的。但是多数读者会有点感慨,认识到所谓文明人有时候很野蛮,而所谓野蛮人有时候倒很文明;认识到文明不是哪一个或者哪几个民族的功劳,而是许多民族互相学习,共同创造的;认识到文化的"宝贵遗产里掺杂了许多渣滓",要时时提高警惕。我在《译者序》里也曾引用书中文字说明了这几点意思。

现在看来,《译者序》对最后这一点强调得还不够。真相是文明的每一个新的进步一定要带来一个新的问题似的。比如城市的兴起是人类生活中一大进步,可是同时也产生了维持治安的困难。"在1750年,伦敦市大为盗匪所困……历史家归咎于街道黑暗和缺少警士等情况。现在我们的街道可算是大放光明了,稍微重要些的城市无不拥有大量的警察;然而纽约和芝加哥的盗案还是层出不穷,匪徒以机关枪自卫,才不怕你的警察。"科学技术的进步也不是不带一点后患的福音:生产技术的进步提高了工农业的产量,也引起了空气和水域的污染;教育和出版事业的发展提高了人民的文化,也增加了纸张的消耗,加速减少森林的覆盖;医药卫生的进步延长了人们的寿命,也导致了"人口的爆炸"。甚至像电子计算机这样重要的发明,还没有来得及充分发挥有益的作用,已经被人利用来盗窃银行存款。当然,最严重的还是战争问题、核武器问题。各国的政治家没有一个不知道核战争可以毁灭世界,可是都认为人家有了我就不能没有。可悲就在于没有人要发动核战争,可是没有人能保证不会发生核战争。人类的历史似乎可以总结为不断犯错误,不断改正错误,又不断犯新的错误的历史。老是在吃后悔药,老是在想着"三年早知道"。

在人与人之间也有类似的情形。蓄意伤害别人的人毕竟是少数,多数是伤害了别人而不知道,甚至是怀着一片好心做坏事,像"打在儿身,痛在娘心"之类。极端的例子是为了某一种"真理"而虐害无辜,像本书第20章里关于1737年瑞士的一个法庭迫害被诬陷为女巫的妇女的记事。前后半年里边,她经受种种酷刑——拿有钉的铁领套住她的脖子吊起来;拿热水烫;放在拉肢机上拉;用绳子把她吊起来,在底下挂上200斤重的石头;用嫩树枝抽打——终于死在狗洞似的囚室里。

这样的悲剧在欧洲继续到18世纪,在我们这里则继续到十年以前。"文化大革命"中的种种惨剧大概还要过些时才能看到详尽而翔实的记述,不过有一点是可以肯定的,那就是,一部分人是别有用心,一部分人是不敢不跟着闹,可也有一部分人真是坚决保卫他所认识的"真理"的,令人叹息的正是这个。自然,中国的情形跟欧洲不完全相同,中国不曾有过那至高无上的教会,可是曾经有过至高无上的礼教,至今余威未息,还有因为妻子接连生了两个女儿而逼她自尽的事情。(1983年1月13日《光明日报》)此外,无论是外国还是中国,都曾经有过包括从皇帝到流氓头子的大大小小的君权,也还没有完全绝迹。我希望有有心人把中国历史上由这些威权造成的种种惨无人道的事情汇集成书,使广大读者触目惊心,相约不允许这种事情再出现。

编辑的修养

我说当编辑是当无名英雄,这个也不止我一个人这样说。无名英雄跟有名英雄不一样,有名英雄有真英雄有假英雄,无名英雄只有真的没有假的。说起当编辑,我是当过一阵编辑的,不过时间很短,就是在开明书店当过一年编辑。编杂志有一点儿经验,《中国语文》自从复刊以来一直是我在那儿管那个事情。不过总起来说,经验还是很少的,特别是编书的经验,看别人的书稿的经验不多。所以,关于编辑上遇到的具体的问题,我说不出很多经验。我教书的时间比较长,拿做编辑跟当教师来比较,那的确当编辑跟当教师不同。当然,有相同之处,就是都很清苦。但是,人家可以说当教师的人清高,而没有谁说:"这位同志是当编辑的,他很清高,他的职业清高。"所以,当编辑的是清而不高,这就没有教师那样能得到一种精神上的安慰。当编辑无名无利。只有对事业有热忱的人才可以安心做编辑。要是没有事业心,或是为名或是为利,他的编辑工作肯定做不长,他是不安于位的。所以,能够长期做编辑工作,乐此不疲,都是无名英雄。

做一个称职的编辑,据我旁观是很不容易的。我想就做编辑需要具备的条件稍微说几句。谈三个问题。第一个问题是当编辑既要有基本功还要不断地补课,这两件事是互相补充的。第二个问题是编辑既要是专家又要是杂家。第三个问题是当编辑既要有创造力,更需要有批评力。这三个问题是三个对立统一。编辑跟教师或是研究工作者都需要基本功,也都需要补课;需要又是专家又是杂家;要有创造力又要有批评力。这是相同的,但是所要求的比例不同。据我看,当编辑在这三个方面都是三七开,就是基本功占三分,补课占七分;专家成分占三分,杂家成分占七分;创造力占三分,批评力占七分。假如是一个教师,特别是高等学校的教师,那么比例刚好相反,就是说他的基本功要比编辑扎实些,但是补课的需要没有编辑那么大,因为他可以专一门。专家的成分他要有七分,而杂家的成分只需要三分。创造力要多一些,要有创见,而批评方面的能力可以少一些。做教学工作的人或是研究工作者跟编辑的差别不是说这个要那个不要的问题,而是哪个多一点,哪个少一点的问题。

现在再把这三个方面分开来谈谈。

基本功是什么?既然书稿分门别类,遇到的题材也就各方面都有,物理、化学、生物、历史、地理、语文,这个基本功就该是各行各业的基本知识了。可是我说的基本功是最基本的,就是语文。无论你搞物理也罢,化学也罢,无论搞什么,语文的基本功没有的话,编辑工作就做不好。我们不能说编的是一本物理书，那本物理书里头词句不通，我照样放过去，那是不行的。所以说，语文是基本功里头的基本功。讲到语文，现在有些不太正确的看法，认为所谓语文就是关于语文的一些知识，什么语音，就讲声母、韵母、声调、变调这些；什么语法，就是句子怎么个分析，主语、谓语这一套，觉得这个就是语文，语文就是学这些。我看不太正确。讲语文的基本功，主要就是这一支笔，要能写，自己能写比较像样的文字，别人的文字不通顺的能把它改得通顺。这才是真价实货。那些这样那样的名堂，知道当然有好处，就是少知道一些也无所谓。全然不知道那也不行，人家问起来你也要能够多少对付一气。可是不必太在那个上面去花工夫，主要还是把笔练得灵活一点，更有用。这是基本功的一个内容。还有一个内容，就是要了解各种知识的门径。门径就是知道怎么进去，到了里头知道什么东西在什么地方，熟悉这些材料的所在。咱们的脑子装不了那么多东西，记不住那么多东西，记性特别好的人又另当别论。像我们一般的人，只能记一些主要的事情。但是要知道遇到什么问题能够到什么地方去查，这很要紧。一般说，要熟悉工具书，这是不错的。但是这个工具书要指广义的工具书，就是各科的最基本的书。对于各科最基本的知识要在自己的脑子里至少有个影子，到时候能够追根究底把它找出来。有些东西翻《辞海》能够找出来，有些东西《辞海》里头找不着，就得东一本、西一本地找。世界上还没有一本书能把什么都写在里头的。所以，脑子里杂七杂八的东西多装一些，这也属于基本功。这个事情没有什么一定的途径，平时喜欢乱看书的人在这方面就占一点便宜。除了本行的书别的书不爱看的在这方面就要差一点了。再讲补课。人人都有补课的问题。拿我自己讲，我念了大学，大学毕业以后就出去工作，工作的时候就遇到一些问题。这些问题平常在学校里就没注意，在实际工作当中遇到了就要把它闹清楚，然后工作才能做下去。比如说教书，有时候教课文教到一个地方，有句话照字面讲好像跟上下文不合适，那在这个地方就可能有另外一种讲法。平时没注意，到那个时候就要去查字典，这本字典查不到再查那一本，那本查不到再查第三本，想法子把这个问题解决。这种在工作当中不断遇到问题，不断找参考资料来解决这些问题，就是补课。另外，也有一种需要比较集中的补课的情况。这种情况有人遇到，有人不一定会遇到。我是遇到这种情况的。我是学外语的，大学出来就教外语。1939年我写了一篇文章，是与朱自清先生讨论一个语法问题的。我本来并不想写这篇文章，是逼出来的，详细经过这里就不谈了。那篇文章是在暑假前发表的。放完暑假，云南大学给我排课，我原来在那里教英语，系里又给我排了一门"中国文法"，叫我教这个东西，真是打鸭子上架。那我就得补课了。对于中国文法，我当然知道一点，可是没有怎么认真地研究过。怎么上课呢？就只能去补课，现批现卖。上课以前找些东西来看看，拿些问题研究研究，还得编个讲义。那个时候我是相当窘，不过有好处，这样自己的学识范围就扩大了一点，就多了一个领域了。以后我实际上就改行了，不再教英语，而是研究汉语了。

这是一次大改行，还有一次小改行。就在那一年，我到四川的一个研究所工作，当时的研究方向是近代汉语，就是白话，从唐宋时期一直到现在这一段白话发展的历史。我打算写一个近代汉语语法发展史。要完成那么个计划，这当然需要很长时间，十年，二十年，三十年，才能把它写好。从1940年开始到1948年，在八九年里头，我就是做这方面的工作。当然，抗战的时候干扰很多，不能把全部的时间、精力都用在自己的正经工作上，还得写一些文章换点稿费，在外头兼点课。解放以后我又教了两年书，后来分配到科学院语言研究所。就在这个时候，我跟朱德熙先生两个人合作写了《语法修辞讲话》。这个《语法修辞讲话》是讲现代的当前的问题，跟我原来研究的那一段虽然都属于汉语语法研究的范围，实际上是不太一样的。从这个时候起，我就把原来研究的那个近代汉语发展史压下来，改搞现代的东西。这就是我刚才说的小改行。搞现代的东西有许多要牵涉到一般语言学的理论问题。过去我不太注意那些东西，所以就得补课，要多看一些书，特别要看一些外国书了。拿我个人的经历做例子，补课这件事情，恐怕人人都免不了。有的要小补，有的要大补，有的短期补，有的长期补，总之要有这样的思想准备，要补课，不补课工作不容易做好。做编辑也是这样，原来在这一个编辑室从事这一方面的编辑工作，后来因为需要调去做另外一类书的编辑工作，这种情况可能也还是会有的，那么那时候就有补课问题了。即使专门搞一行，也会不断地遇到新问题，不断地需要补课。假如你觉得我这个人老本已经够了,我吃这个老本就行了,我看,你这个老本总有一天要不够用的,因为科学在进步,你非跟上去不行。所以,补课很重要,做编辑工作比教书更需要不断补课。

其次,讲专家跟杂家。有人有这样的看法,好像当一个教授只要是专家就行了,无需做一个杂家,杂家不适合当教授。编辑是个杂家,编辑应该什么都懂,但不必是专家,因为自己不写书,反正只给人家看稿子。我说,这种看法不正确,把二者截然分开,不对。编辑跟教授一样,都应该既是专家又是杂家,只是比例可以不一样,因为需要不一样。编辑的杂家成分要多一点,多懂一些行当,但是自己也得有一点专长。教书的人和做研究的人现在的风气是太专了,简直是前后左右一概不管。所以,我在语言研究所常跟年轻的同志讲,远的地方不说,你的前后左右总得了解了解。现在拿大学中文系来讲,中文系的同学的这个倾向很厉害。一进学校,有的想当作家,他对于一般的课程就毫无兴趣,他的兴趣就是听听文艺理论。有的想搞文学史,可是还没出学校门就已经把研究范围划定,你搞宋词,我搞元曲,别的全可以不管。有的是念语言方面的,将来想在语言方面做工作。在还没有毕业的时候,他就已经决定了:有的说,我搞古代汉语,现代汉语与我无关。有的说,我搞现代汉语,古代汉语与我无关。有的人要搞语法,说语音学完全可以不理会。有的要搞音韵学,说语法与我无关。还没有毕业,就已经画地为牢把自己给圈起来了。客观事物是不断发展的,各种事物之间也是互相联系的,你想人为地把它圈住,这不可能。讲语法的时候你就要碰到语音问题，学生就会问你，你得给他解释。现在是不是编辑也有这种只顾自己这一门，前后左右都不管的情况，我不了解。假如有，我认为也不是很好的事情。还是应该以一门为主，前后左右都了解一些，对于自己本门的工作也有好处。这是讲专跟杂的问题。

另外，讲创造力跟批评力方面。所谓创造力也就是想象力，就是一种灵感。对灵感这个东西不要看得很神秘，没有什么神秘。人人都有这样的经验，有一天忽发奇想："是不是会有如此这般的事情？"这就叫做"灵机一动"。比如，搞数学的人，遇到一个题目，一看，不知道怎么做，可脑子里就有了这个题目了。你正经八百对着这个问题想解决它的时候，不知道怎么做。一天在吃饭的时候，忽然一想，这个题目是不是可以这样做啊？灵机一动，想起来了。这个灵机一动，有人是常动，有人是不动。要能够灵机常动——当然不是一天到晚胡思乱想。世界上的创造发明，往往都是由此一念。他就是那么一想，发现这个地方好像有个空隙能钻进去，慢慢地就成了习惯，到处都能找到一些空隙了。但是，光有灵机一动是不够的，还要能够跟踪追击，要进一步找一些事实来证明你这个想法是正确的，要拿这个想法放到很多具体问题当中去考验。考验的结果是加号，你就成功了，可以写文章了，或者是可以做出一样东西来了。但是这个灵机一动也可能动得不对，放到具体的事情上去一考验，全是减号，那就算了。发明家并不是每有一个想法都会有积极的结果，很多都报废了，因为他当时的想法不对头。现在我又看到青年同志里头有这样一种风气。大学已经毕业或是没有毕业，或是现在在当研究生，都有一个急于成名的想法，要想一鸣惊人，而且越早越好。于是乎有一天灵机一动。比如说汉语里句子的分析，他一想，你们什么六大成分啊，什么层次结构啊，你们争来争去，我看都不对，我有一个办法。他灵机一动，马上摊开稿纸，一挥而就，找一个地方去发表，这样可以一举成名。这种急于成名的做法，结果大多不很好。任何一种想法你总得拿大量的事实来考验它，用你的那套理论都能得到解释，都比别种解释更加简便，更加合理，那你的这个理论就站住了。也可能拿一些事实来一考验，你这个理论全然不对。你还没有找事实来考验，就这么轻易写出来，认为这就成功了，恐怕是过早了。有一次我跟一些年轻同志谈论这个问题，有一位同志听我说要到许多事实中去找例子来核对自己的理论，他回答我三个字："太麻烦。"我说，做学问要怕麻烦，你就趁早不要干这一行。要干这一行就要不怕麻烦。做编辑也是比较麻烦的事情，有没有编书可以不麻烦的？我看没有。做编辑不光要核对资料，就是看校样也是很麻烦的事情。尤其汉字里头常常这儿多一笔，那儿少一笔，眼睛一晃就过去了。我在这里说这个话，可能是无的放矢，这里的编辑大概没有想一举成名，想那么轻而易举的。

批评力指什么？说得通俗一点，就是善于挑毛病。任何一本书稿或是文稿，说是天衣无缝，一点儿毛病都没有，这种稿子虽不能说没有，但我敢说一定很少，一般没有大毛病也有小毛病。编辑要善于挑毛病，能够挑毛病是对作者的一种帮助。大部分作者是欢迎编辑的合理的建议的。可也有少数作者，那就是像《吕氏春秋》那样，我的文章悬之国门不能改一字，你编辑改我一个字，我跟你算账，这种作者也是有的，不过到底是不多的。一般作者还是比较虚心。编辑确实要善于挑毛病。最近，我遇到几件事情，不妨在这里说说。一个我已经写成文章在《光明日报》上发表了，题目叫《做好文字工作不仅仅是文字问题》。怎么说呢？就是做编辑的人除了要使文章文从字顺之外，至少还有两件事情要做。一个是要会动动脑筋，一个是要肯去查查资料。在那篇文章里头我举了两个例子。有一天《人民日报》上有一个来函照登，内容是安徽的一个小工厂，曾经有个记者去访问，写了一个报道在《人民日报》上登出来了。报道里头说，这家烧陶器的厂由于发明了一个新方法以后，一天能够节约用煤一千多吨。这篇文章发表之后，这个厂家来函给报社，说这个报道错了，我们是说一年能够节约一千多吨，记者把它写成一天能够节约一千多吨了，请予以更正。《人民日报》不用编辑部的名义来更正，来个来函照登，表示我不负责任。这个是不对的。你们报上登的，记者要负责，编辑也要负责。我想，当时这个记者应该动动脑筋，那么个小厂，它能一天节约一千多吨，那么它一天烧了多少吨呢？烧得了一千多吨吗？稍微动一动脑筋就会提出疑问。当然，安徽人说话记者听不清楚是可能的，可是只要记者稍微动动脑筋，追问一句，错误就可以避免。另外一个例子，有位老先生，从前在上海《新闻报》，是老记者，叫顾执中。顾老现在住在北京。他给《北京晚报》写了篇杂文，里头谈到陆放翁。他说，我年轻的时候喜欢陆放翁的诗，记得很多，现在年纪大了，大多都忘了，但还记得三句，有两句是"王师北定中原日，家祭毋忘告乃翁"。还有一句是"深巷有人叫卖花"。这一句顾老先生记错了，陆放翁的原诗是"小楼一夜听春雨，深巷明朝卖杏花"。顾老先生在文章里面写错了，编辑也没有核对，照登。那个编辑不一定念过陆放翁的这首诗，但是陆放翁是个有名的诗人，这句诗是陆放翁的名句就大可怀疑。他只要能怀疑一下，核对一下资料，错误就避免了，就给顾老先生遮盖过去了。当编辑的人要善于动脑筋，多怀疑没坏处。我还记得有一个例子，是《光明日报》上的。有个记者讲，黄山上最近架了座长桥，桥有多少米长，上面汽车都可以开过去，这篇报道本身并没有错，可那个标题很怪，叫做《黄山顶上"揽胜桥"》。山顶，无论是黄山的顶还是白山的顶，哪个山顶上能够架一座长桥啊？这就不太好想象。山顶大概总是比较小的一块地方，游人可以在上面走，尽管不平坦，也用不着架桥啊。记者写的稿子没有错，还有那个照片也没有错，就是那个编辑加标题的时候，他大笔一挥，就闹出那么个笑话来了。我想，整篇文章、整本的书都有这些问题。看稿子的时候，多动脑筋，多查资料总有好处。

关于中学生与文艺

关于中学生与文艺，我不敢说有什么周密的观察或深长的思考，只是我当过中学生，教过中学生，而现在又有当着中学生的儿女，根据这些较亲切的经验来回答编者的询问。

根据我的经验，十个中学生里大概有六七个爱好文艺读物，其中又有一两个喜欢自己写写。

中学青年喜欢看文艺作品——更确切一点说，最喜欢看小说，其次剧本，又其次才是诗歌和散文——跟小学生喜欢听故事同出一个根源：喜欢知道别人的事情，人类好奇心的一面。所以过去，乃至现在的，冬烘"塾师"禁止学生看小说是徒然的。我的塾师禁止我看小说，但是我依然看了很多小说；我当中学教师时从来不禁止学生看小说，甚至在课堂上也通融；我是这么想，若是课本不足以吸引他的注意，即使他不看小说，他也会一心以为鸿鹄将至的。

一般爱读文艺的青年并不爱去研究文艺理论。由于他们的年龄，我觉得也无须要求他们去作理论上的探讨。文艺的特点就在能潜移默化，感人于不知不觉之间；不懂得文艺理论，一样地能得文艺的益处。

文艺在教育上有很大的价值。文艺作品扩大青年的人生经验，虽然是间接的。有许多青年喜欢活动，喜欢到处跑，做这做那，跟熟人谈话，跟生人谈话，这种青年不读文艺也还是在扩大他的人生经验。但另有一种青年，不喜欢活动，所谓"弱不好弄"，倘若再连小说都不看，结果是像暖房里长大的植物，一出家庭或学校的大门，"天真"得可怜。

对于哪种小说看得哪种小说看不得，我觉得就应该用上面的话来做衡量的标准——给予青年以真实的人生经验的是看得的，该看的；给予青年以虚伪的人生经验的是看不得的，应该摒弃的。但是其中又该有个分别：说也奇怪，倒是幻想的神怪的作品没有大害，因为十二三岁以上的少年，倘若不是白痴，是会知道人是不会飞的，剑也是不会飞的。（而且在我个人的私见，全然幻想的作品是应该间或读一读的，只要作者是把它当作幻想提供出来的。）反而"才子佳人"一类的 wish thinking（一厢情愿的想头）是绝对要不得的，是麻药。"才子佳人"只是麻药的一种，这里面应该包括"贫儿暴富"、"天下太平"一切等等。而且跟一切别的相同，麻药也是来路货厉害，美国的好莱坞和一角美金的刊物是它们的大本营。总之，不冒充现实生活的不必隄防，要隄防的是貌似孔子的阳货，正如套在脸上的"张飞脸"不必隄防，真皮肉做的假脸要隄防一样。当教师的应该以在这方面指导青年为自己的责任，同时也是一种愉快。

大多数中学生爱读文艺，想写写的毕竟是少数。只要不把写新诗写小说当作唯一的事情，没有什么害处。壁报和油印小刊物往往是作家的摇篮，未可厚非。

但是文艺读物的影响青年的文字，不限于在这些青年作家身上。那些不写文艺的中学生，在他们的课作上，通信上，处处显示所受课外读物的影响。有人说，中学生摹拟文艺笔调，以至普通文字都写不好了。这是由于他摹拟错了，或是摹拟错了人。平心而论，有些流行的作家在这件事情上是应该负点责的。外国的中学生读的课本多半是文艺作品，教师鼓励他们模仿，没有听见说因此文字不通。指导青年摹拟哪一种笔调，如何摹拟，这又是国文教师应有的责任。但如教师放弃这个有力的工具，禁止学生看小说，强迫他们背诵《离骚》或《易经》，或"国定本教科书"，那就一切无从读起了。

谈谈学理学文的问题

转眼高等院校招生考试的日子就要到了,几百万高中毕业生又将面对考文科考理科的问题。这个问题本来不难解决,本人有志趣,各科学习成绩有等差,国家有各方面的需要,把这几个因素放在一块考虑,大多数同学都能作出合情合理的决定。但是现在有一股风,吹向一边倒,倒向理和工。最近看到一位高中同学的信,摘录如下:

我从小爱文学,语文成绩一直较好。理科成绩虽然也不差,但我对它不感兴趣。我喜欢观察人,想认识社会,立志将来当个文学家。进入高中后被分入快班,从此再也没有时间来学我心爱的文学了,数理化作业像山一样压得我喘不过气来……我想学文,可是家庭、社会的压力却逼得我不知如何是好。他们认为中国当前需要的是科学,文科与"四化"没有关系……人们还认为,学文就是因为学不好理,只有笨蛋才学文。我简直无法想象,如果我决定学文，我将遇到什么样的嘲笑和白眼……

这里所说的情形是有高度的代表性的。

还有另一种情形，我有一位朋友，他的孩子去年中学毕业考大学。他的语文和史地成绩较好，数理化较差，他的父母劝他考文科，他却非考理科不可，非常固执，结果没有录取。这孩子的认识不清，恐怕也是由于周围风气的影响。

看来在这个问题上也还有说说清楚的需要。现在，我们正在进行社会主义现代化建设，需要学习科学和技术，这不成问题。问题是光有科学和技术够不够？我们生产不发达，不仅仅是由于科学技术落后，也由于经营管理不善，这已经为大家所承认。也就是说，我们的经济组织不适应现代化的要求。可是经济组织又是整个社会组织的一部分，要现代化都得现代化。这可是个异常复杂的问题，需要做大量的研究工作。再说，不论是科学技术工作、经济工作、政治和其他社会工作，都得由人去做，没有现代化的人，一切良法美意也都无法实现。怎样培养现代化的人，这又是需要很好地研究的课题。可见要讲现代化，决不能局限于科学技术现代化。

世界上一切学问不外乎三个方面：研究人和自然的关系，研究人和人的关系，研究人和自己的关系，而这三个方面又是互相渗透的。广义的科学应当包括自然科学，社会科学，人文科学。无论哪个学科，只要我们具备相应的条件，并且努力学习，就都能做出成绩，或者在理论方面，或者在实践方面。如果只顾赶潮流，不管自己的条件，以致有力气使不上，也就不能做出成绩。希望同学们和家长们能够这样认识这个问题。

语文常谈

《语文常谈》序

　　1964年春天,有一天《文字改革》月刊的编者来看我,问能不能给那个刊物写点有关语言文字的普及性文章。结果就是后来在《文字改革》月刊上分期发表的《语文常谈》。原来计划写八篇,可是刊出七篇之后,"文化大革命"来了,杂志停刊,第八篇也流产了。后来也曾经想把旧稿整理整理印成一本小书,可是那几年的风气是以不读书为贵,也就迟迟没有着手。最近受到一些相识和不相识的朋友们的督促,才又鼓起劲来修修补补送给出版社,离开最初发表已经十六个年头过去了。

　　给这些文章取这么个名字,无非是说,这些文章内容既平淡无奇,行文也没有引经据典,当不起"概论"、"基础"之类的美名,叫做"常谈"比较恰当。希望有些读者在看小说看电视看得腻味的时候,拿来换换口味,而不至于毫无所得就是了。

　　说起来也奇怪,越是人人熟悉的事情,越是容易认识不清,吃饭睡觉是这样,语言文字也是这样。比如有人说,文字和语言是平行的,谁也不倚赖谁的两种表达意义的系统;你要是拿拼音文字来做反证，他就说"此汉字之所以可贵也"，他没有想过如果汉字都没有读音，是否还能够表达意义。又有人说，汉字最美，"玫瑰"二字能让你立刻看见那娇嫩的颜色，闻到那芬芳的香味，一写成 méi guī 就啥也没了；他大概认为英国人、美国人、法国人的 rose，德国人的 Rose，西班牙人、意大利人的 rosa 全都是无色无臭的标本。还有人说，"中国话"就是没有"文法"，历代文学家都不知道什么叫"文法"却写出好文章；可是他回答不上来为什么有的话公认为"通"，有的话公认为"不通"，后者至少有一部分是由于不合"文法"。不幸的是，诸如此类的意见不是来自工农大众，而是来自一部分知识分子。这说明关于语言文字的知识确实还有待于普及。这本小书就算是这方面的一个小小尝试吧。

语言和文字

只有人类有真正的语言

语言，也就是说话，好像是极其稀松平常的事儿。可是仔细想想，实在是一件了不起的大事。正是因为说话跟吃饭、走路一样的平常，人们才不去想它究竟是怎么回事儿。其实这三件事儿都是极不平常的，都是使人类不同于别的高等动物的特征。别的动物都吃生的，只有人类会烧熟了吃。别的动物，除了天上飞的和水里游的，走路都是让身体跟地面平行，有几条腿使几条腿，只有人类直起身子来用两条腿走路，把另外两条腿解放出来干别的、更重要的活儿。同样，别的动物的嘴只会吃东西，人类的嘴除了吃东西还会说话。

记得在小学里读书的时候，班上有一位"能文"的大师兄，在一篇作文的开头写下这么两句："鹦鹉能言，不离于禽；猩猩能言，不离于兽。"我们看了都非常佩服。后来知道这两句是有来历的,只是字句有些出入。*又过了若干年,才知道这两句话都有问题。鹦鹉能学人说话,可只是作为现成的公式来说,不会加以变化(所以我们管人云亦云的说话叫"鹦鹉学舌")。只有人们的说话是从具体情况(包括外界情况和本人意图)出发,情况一变,话也跟着一变。至于猩猩,根据西方学者拿黑猩猩做试验的结果,它们能学会极其有限的一点符号语言,可是学不会把它变成有声语言。人类语言之所以能够"随机应变",在于一方面能够把语音分析成若干音素(当然是不自觉地),又把这些音素组合成音节,再把音节连缀起来,——音素数目有限,各种语言一般都只有几十个音素,可是组成音节就可以成百上千,再组成双音节、三音节,就能有几十万、几百万。另一方面,人们又能分析外界事物及其变化,形成无数的"意念",——配以语音,然后综合运用,表达各种复杂的意思。一句话,人类语言的特点就在于能用变化无穷的语音,表达变化无穷的意义。这是任何其他动物办不到的。

　　人类语言采用声音作为手段,而不采用手势或图画,也不是偶然。人类的视觉最发达,可是语言诉之于听觉。这是因为一切倚赖视觉的手段,要发挥作用,离不开光线,夜里不成,黑暗的地方或者有障碍物的地方也不成,声音则白天黑夜都可以发挥作用,也不容易受阻碍。手势之类,距离大了看不清,声音的有效距离大得多。打手势或者画画儿要用手,手就不能

---

* 《礼记·曲礼》:鹦鹉能言,不离飞鸟;猩猩能言,不离禽兽。

同时做别的事，说话用嘴，可以一边儿说话，一边儿劳动。论快慢，打手势赶不上说话，画画儿更不用说。声音唯一不如形象的地方在于缺乏稳定性和持久性，但在原始社会的交际情况下，这方面的要求是次要的，是可以用图形来补充的。总之，正是由于采用了嘴里的声音作为手段，人类语言才得到前程万里的发展。

文字不能超脱语言

自从有了人类，就有了语言。世界上还没有发现过任何一个民族或者部落是没有语言的。至于文字，那就不同了。文字是在人类的文化发展到一定阶段的时候才出现的，一般是在具有国家的雏形的时候，直到现在，世界上还有很多语言是没有文字的，也可以说，没有文字的语言比有文字的语言还要多些。最早的文字也只有几千年的历史，而且就是在有文字的地方，直到不久以前，使用文字的也还是限于少数人。

文字起源于图画。最初是整幅的画，这种画虽然可以有表意的作用，可是往往意思含糊不清，应该怎么理解取决于具体环境，例如画在什么地方，是谁画的，画给谁看的，等等。这种图画一般都比较复杂，这里设想一个简单的例子来说明。比如画一个井，里边画三只兔子。如果是一个猎人画在一棵树上的，就可能是表示附近的陷阱里有三只兔子，要后边来的伙伴处理。如果是画在居住的洞壁上的，就可能表示猎人们的愿望，这种画有法术的作用，那里边的三只兔子就不是确实数目而只是许多兔子的意思。

图画发展成为文字，就必须具备这样一些特点：（1）把整幅的画拆散成个别的图形，一个图形跟语言里的一个词相当。（2）这些图形必得作线性排列，按照语言里的词序。比如先画一个井，再画三个直道儿或横道儿，再画一个兔子，代表"阱三兔"这样一句话。如果把三个道儿画在井的前边，就变成三个陷阱里都有兔子的意思了。（3）有些抽象的意思，语言里有字眼，不能直接画出来，得用转弯抹角的办法来表示。比如画一只右手代表"有"，把它画在井的后边，就成为"阱有三兔"。这种文字是基本上象形的文字，但是可以念，也就是说，已经跟语言挂上钩，成为语言的视觉形式了。

到了这个阶段以后，为了便于书写，图形可以大大简化（图案化，线条化，笔划化），丝毫不损害原来的意思。从汉字形体变化的历史来看，甲骨文最富于象形的味道，小篆已经不太像，隶书、楷书就更不用说了。从形状上看，第二阶段的零碎图形和第一阶段的整幅画很相似，第三阶段的笔划化图形和第二阶段的象形图形可以差别很大。但是从本质上看，象形文字和表意画有原则上的区别，而象形文字和后来的笔划化的文字则纯粹是字形上的变化，实质完全相等。

图画一旦变成文字，就和语言结上不解之缘。一个字，甚至是最象形的字，也必然要跟一定的字音相联系；表示抽象意思的字，笔划化了的字，就更加离不开字音了。这样，语言不同的人看不懂彼此的文字,哪怕是象形成分最多的文字。假如一个人的语言里"有"和"右"不同音,他就不懂一只手夹在一个井和三只兔子中间是什么意思。

文字发展到了这种"词的文字"之后,仍然有可能进一步发展成纯粹表音的文字,这将来再谈。这里所要强调的是:尽管文字起源于图画,图画是与语言不相干的独立的表意系统,只有在图画向语言靠拢,被语言吸收,成为语言的一种形式(用图形或笔划代替声音)之后,才成为真正的文字。

对于文字和语言的关系没有好好思考过的人,很容易产生一些不正确的理解。很常见的是把文字和语言割裂开来,认为文字和语言是并行的两种表达意思的工具。这种意见在我国知识分子中间相当普通,因为我们用的是汉字,不是拼音字。有人说,文字用它自己的形体来表达人的思维活动、认识活动。当人们写文字的时候,目的在写它的思想而不仅为的是写语言;当人们看文字的时候,也只是看它所包含的内容,不一定把它当作语言;只有把它读出来的时候,才由文字转化为语言。这个话显然是不对的。文字必须通过语言才能表达意义;一个形体必须同一定的语音有联系,能读出来,才成为文字。如果一个形体能够不通过语音的联系,直接表达意义,那就还是图画,不是文字。代表语言,也就是能读出来,这是文字的本质,至于写的时候和看的时候读出或者不读出声音来,那是不关乎文字的本质的。事实上,教儿童认字总是要首先教给他读音;不通过语言而能够学会文字的方法是没有的。粗通文字的人看书的时候总是要"念念有词",哪怕声音很小,小到你听不见,你仍然可以看见他的嘴唇在那儿一动一动。完全不念,只用眼睛看(所谓"默读"),是要受过相当训练才能做到的。

有人拿阿拉伯数字和科学上各种符号作为文字可以超脱语言的例子。这也是只看见表面现象,没有进一步观察。数字和符号也都是通过语言起作用的,不过这些符号是各种语言里通用,因此各人可以按照各自的语言去读罢了。例如"1,2,3"可以读成"一,二,三",可以读成"one, two, three",可以读成"один, два, три",等等,但是不把它读成任何语言的字音是不可能的。而况在任何语言的语汇里这种符号都只是极少数呢?

语言和文字也不完全一致

文字(书写符号)和字音不可分割,因而文字(书面语)和语言(口语)也就不可能不相符合,但是事实上文字和语言只是基本上一致,不是完全一致。这是因为文字和语言的使用情况不同。说话是随想随说,甚至是不假思索,脱口而出;写东西的时候可以从容点儿,琢磨琢磨。说话的时候,除了一个一个字音之外,还有整句话的高低快慢的变化,各种特殊语调,以及脸上的表情,甚至浑身的姿态,用来表示是肯定还是疑问,是劝告还是命令,是心平气和还是愤愤不平,是兴高采烈还是悲伤抑郁,是衷心赞许还是嘲讽讥刺,等等不一;写东西的时候没有这一切便利,标点符号的帮助也极其有限。因此,说话总是语汇不大,句子比较短,结构比较简单甚至不完整,有重复,有脱节,有补充,有插说,有填空的"呃、呃","这个、这个";而写文章就不然,语汇常常广泛得多,句子常常比较复杂,前后比较连贯,层次比较清楚,废话比较少。这都是由不同的使用条件决定的。另一方面,语言和文字又互相作用,互相接近。语言里出现一个新字眼或者新说法,慢慢地会见于文字,例如"棒"、"搞"、"注点儿意";文字里出现一个新字眼或者新说法,慢慢地也会见于语言,例如"问题"、"精简"、"特别是"、"在什么什么情况下"。剧作家和小说作者得尽可能把人物对话写得流利自然,生动活泼,虽然不能完全像实际说话。而一个讲故事或者作报告的人,却又决不能像日常说话那样支离破碎,即使不写稿子,也会更像一篇文章。所以一个受过文字训练的人,说起话来应该能够更细致,更有条理,如果有这种需要。一个原来善于说话也就是有"口才"的人,也应该更容易学会写文章。

一般说来,文字比语言更加保守。这是因为人们只听到同时代的人说话,听不到早一时期的人说话,可是不仅能看到同时代的文字,也能看到早一时期的文字,能模仿早一时期的文字,因而已经从口语里消失了的词语和句法却往往留存在书面语里。再还有一些特殊的著作,例如宗教经典、法律条文,它们的权威性叫人们轻易不敢改动其中的古老的字句;优秀的文学作品也起着类似的作用。在文字的保守力量特别强烈的场合,往往会形成文字和语言脱节的现象。中国、印度、阿拉伯国家、古代罗马，都曾经出现过这种情况。这时候，书面语和口语的差别就不仅是风格或者文体的差别，而是语言的差别了。但是只有在文字的使用限于少数人，也就是多数人是文盲的条件下，这种情况才能维持。一旦要普及文化，这种情况就必定要被打破，与口语相适应的新书面语就必定要取古老的书面语而代之。

语言文字要两条腿走路

在人们的生活中，语言和文字都有很大的用处，也各有使用的范围。面对面的时候，当然说话最方便；除非方言不通，才不得不"笔谈"。如果对方不在面前，就非写信不可；如果要把话说给广大地区的人听，甚至说给未来的人听，更非写成文章不可。（有了录音技术之后，情况稍有不同，也还没有根本改变。）人们既不得不学会说话，也不得不学会写文章，也就是说，在语言文字问题上，不得不用两条腿走路。可是自从有了文字，一直就有重文轻语的倾向。为了学习写文章，人们不吝惜十年窗下的工夫，而说话则除了小时候自然学会的以外，就很少人再有意去讲究。这也难怪。在古时候，语言只用来料理衣、食、住、行，也就是只派低级用场；一切高级任务都得让文字来担任。可是时代变了。三天两天要开会，开会就得发言。工业农业的生产技术以及其他行业的业务活动都越来越复杂，交流经验、互相联系的范围越来越大，以前三言两语可了的事情，现在非长篇大论不成。语言不提高行吗？再还有传播语言的新技术。有了扩音器,一个人说话能让几千人听见;有了无线电广播,一个人说话能让几千里外面的人听见。很多从前非用文字不可的场合,现在都能用语言来代替,省钱,省事,更重要的是快,比文字不知快多少倍。语言文字两条腿走路的道理应该更受到重视了。可是人们的认识常常落后于客观形势。学校的"语文"课实际上仍然是只教"文",不教"语"。是应该有所改变的时候了,不是吗?

意内言外

字义约定俗成

"意内言外"这个题目是借用《说文解字》里的一句话:"词,意内而言外也。"这句话究竟该怎么讲,其说不一,不必详细讨论。我们只是借用这四个字做题目,谈谈语言和意义的关系。

前一章说过,一个句子的意思不等于这个句子里一个个字的意思的总和。可是句子的意义离不开字的意义,这是用不着说的,现在就从字义谈起。一个字为什么是这个意思,不是那个意思?换一种想法,为什么这个意思用这个字而不用那个字,例如为什么管某种动物叫"马",不管它叫"牛"?回答只能是"不知道",或者"大家都管它叫马么,你还能管它叫牛?"象声性质的字,例如"澎湃、淅沥、朦胧、欷歔",它的意义跟它的声音有联系,不容怀疑。有些字,例如"大"和"小","高"和"低",是不是当初也有点儿用声音象征意义的味道(a 对 i,也就是"洪"对"细"),那就很难说了。就算是吧,这种字也不多。有些字不止一个意义，可以辗转解释。例如"书"有三个意义：（1）书写，（2）书籍，（3）书信，后两个意义显然是从第一个意义引申出来的，可是当初为什么管写字叫"书"呢，回答仍然只能是"不知道"，或者"大家都这么说么"。这就是所谓"约定俗成"。二千多年以前的荀子就已经懂得这个道理，他说："名无固宜，约之以命，约定俗成谓之宜，异于约则谓之不宜。"当然，"约之以命"不能死看，决不是召集大家来开一个会，决定管一种动物叫"马"，管另一种动物叫"牛"，而是在群众的语言实践中自然形成的一致。

根据约定俗成的道理，字义形成之后就带有强制性，可是字音和字义的最初结合却是任意的，武断的。单字意义的形成是任意的，字组意义的形成就不是完全任意的了。比如"白纸"、"新书"、"看报"、"写字"，它们的意义是可以由"白"、"纸"等等单字的意义推导出来的。可是这里也不是完全没有约定俗成的成分。随便说几个例子：（1）"保"和"护"的意思差不多，可是只说"保墒、保健"和"护林、护航"，不能倒换过来说"护墒、护健、保林、保航"。（2）"预报"和"预告"的意思是一样的，可是广播节目里只有"天气预报"，不说"天气预告"，出版社的通告里只有"新书预告"，不说"新书预报"。（3）"远距离"和"长距离"的意思是一样的，可是操纵是"远距离操纵"，赛跑是"长距离赛跑"。（4）"赤"和"白"是两种颜色，但是"赤手空拳"的"赤手"和"白手起家"的"白手"是同样的意思，都等于"空手"。可是尽管意思一样，不能倒换着说。(5)"火车"一度叫做"火轮车","轮船"一度叫做"火轮船",后来都由三个字缩成两个字,可是一个去"轮"留"火",一个去"火"留"轮"。(6)两相对待的字眼合起来说,"大小、长短、远近、厚薄"都是积极的字眼在前,消极的字眼在后,可是"轻重"是例外。"高低"属于"大小"一类,但是"低昂"又属于"轻重"一类。(7)意思相近的字联用,常常有固定的次序,例如"精、细、致、密"四个字组成"精细、精致、精密、细致、细密、致密"六个词,每个词的内部次序是固定的,不能改动(更奇怪的是都按照"精、细、致、密"的顺序,没一个例外)。地名联用也常常是固定的,例如"冀鲁、鲁豫、苏皖、江浙、闽广、湘鄂、滇黔、川黔、川陕、陕甘"。(8)意思相近的字联用,常常因为排列的次序不同,意思也有分别,例如"生产"(工农业生产,生孩子)和"产生"(一般事物),"和平"(没有战争或斗争)和"平和"(不剧烈),"查考"(弄清楚事实)和"考查"(按一定要求来检查),"展开"和"开展"(使展开),"担负"(动词)和"负担"(名词),"罗网"(自投罗网)和"网罗"(网罗人才)。这些例子都说明字的组合也常常带有约定俗成的性质,就是所谓"熟语性"。

字义和词义辗转相生

语言是发展的,字义和词义辗转相生,我们日常用到的字或词十之八九都是多义的。说笑话的人常常利用一字多义来逗笑。举几个相声里边的例子。(1)《歪讲三字经》里有两句是"沉不沉,大火轮,"就是利用"沉"字的不同意义(沉重,沉没)。(2)《字谜》里边一位演员出了一个字谜是"一竖,一边儿一点",让另一位演员猜。你说是"小",他就说是"卜",你说是"卜",他就说是"小"。这是利用"一边儿"的不同意义(每一边,只一边)。(3)《全家福》里边甲演员问:"你和你哥哥谁大?"乙演员:"废话!当然我哥哥比我大呀。"甲演员:"我哥哥就比我小,才齐我这儿。"这是利用"大、小"的不同意义(论年纪,论个儿)。

就说"大、小"这两个字吧,意思也够复杂的。比如说,有"小哥哥",年纪比我大,所以是哥哥,可是在几个哥哥里他最小,所以又是小哥哥。又有"大兄弟",那不是自己的兄弟,只是因为年纪比我小,只好叫他兄弟,可是他排行第一,或者不知道他行几,只是要表示客气,叫他大兄弟("大叔、大婶"也是一样)再比如说,"大李比小李大,可是两个人都不大,都不到二十",大李就成了又大又不大,前者是相对地说,后者是绝对地说。再还有,"一个大组分三个小组",这个"大、小"是就层次说;"第三组是个大组,第四组是个小组",这个"大、小"又是就人数多寡说了。

再说几个例子。(4)"有色人种"的"有色",跟它对待的是白色;"有色金属"的"有色",跟它对待的是黑色("黑色金属"=铁)。(5)"你给我就要,问题是你给不给?""你给我就要,问题是你不给。"按第一句说,只有"给不给"才成为问题，可是到了第二句，光是"不给"也成为问题了。（6）"他不会说话。"如果"他"是个小小孩儿，这句话的意思是他不会用一般语言表达自己的意思。如果"他"是个大人（不是哑巴），这句话的意思就是他不善于说话，以至于得罪了人什么的。（7）《三千里江山》里说："姚志兰的好日子本来择的明天。大家的好日子看看过不成时，谁有心思只图个人眼前的欢乐？"这两个"好日子"，一个是一般的意义，一个专指结婚的日子。（8）《六十年的变迁》里季交恕问方维夏："你知道这个消息吗？"方维夏："什么消息？"季交恕："蒋介石开刀啦！"方维夏："什么病开刀？"季交恕："你还睡觉！杀人！……"我们前回曾经用"爸爸要开刀"做主动被动两可的例子，这里的"开刀"除主动被动的分别外，还有动手术和杀人的分别。

　　有些字眼，正反两种说法的意思是一样的。（1）"好热闹"和"好不热闹"都是很热闹的意思，"好容易"和"好不容易"都是很不容易的意思。（2）"差点儿忘了"和"差点儿没忘了"是一个意思，都是几乎忘了，可还是想起了。（3）"小心撒了"和"小心别撒了"也是一个意思，都是叫你别撒了。（4）"除非你告诉他，他不会知道"和"除非你告诉他，他才会知道"是一个意思。第一句的"除非你告诉他"可以改成"如果你不告诉他"，第二句不能这样改。（5）"难免要引起纠纷"，"不免要引起纠纷"，"难免不引起纠纷"，全都说的是有引起纠纷的可能。（6）"我怀疑他会不会已经知道"是说不知道他知道不知道（但是希望他不知道）。"我怀疑他会不知道"等于说我不相信他会不知道（尽管据他自己说或是照你估计他是不知道的）。"我怀疑他已经知道了"可就又等于说我估计他已经知道了。这些例子都涉及否定和疑问。一碰上这些概念，许多语言里都会闹纠纷，会出现似乎矛盾的说法。例如双重否定应该等于肯定，可是有些语言里连用两个否定的字眼，意思还是否定的。俄语"Он ничего не сказал，"一个个字翻出来是"他没有什么不说了"，可是意思是"他什么也没说"。法语也是一样，"Il n'a rien dit，"照单字分别讲是"他　没　没有什么　说"，意思可是"他什么也没说"。法语在含有怀疑、否认、担心、避免等等意思的动词后面的副句里常常加上一个"不"字，用汉语说都得去掉。例如"Je crains qu'il ne vienne，是"我怕他会来"，"Je ne doute pas qu'il ne vienne"是"我毫不怀疑他会来"，这两句里的 ne 在说汉语的人看来都是多余的。还有，法语可以说"avant qu'il ne parte"或者"avant qu'il parte"，这倒是跟汉语一样，"在他没离开以前"和"在他离开以前"是一个意思。

　　上一章我们说过些例子，同样几个字的一句话，因为语法关系不同，意思就不一样。其实同一种语法关系，包含的意思也是种种不一的。比如同样是修饰或限制关系，"布鞋"是用布做的鞋，"鞋面布"是用来做鞋面的布；"蜜蜂"是酿蜜的蜂，"蜂蜜"是蜂酿的蜜。同样是"马"字当头，"马车"是马拉的车，"马路"是车马通行的路，"马队"是骑兵的队伍，"马刀"是骑兵用的刀，"马褂"原先是骑马时穿的短外套，"马褥子"是骑马用的垫子，"马鞭子"是赶马用的鞭子，"马料"是喂马的草料,"马夫"是管马的人,"马医"是给马治病的人,"马戏"原来是在马上表演的杂技(现在连老虎、狮子等等的表演都包括进去了),"马面"指人的脸长得特别长("牛头马面"是真的马脸),"马桶"的得名说法不一,原先大概是象形。

同样是中间加一个"的"字,"我的笔"我可以送给人,"我的年纪"年年不同,"我的名字"既不能送给人,也不能随时改变。甚至同样几个字可以有两种意思:"我的书"可以是我买的,也可以是我写的;"你的信"可以是你寄给人的,也可以是人寄给你的;"他的照片"可以是把他照在里边的,也可以是他收藏的;"我的牌是新买的",这副牌永远是我的,除非我把它送给人,"这回我的牌可好了",这副牌几分钟之后就不存在了;"跑码头的专家"可以是对坐在家里的专家而言,也可以指一个先进的采购员。有人说"学习雷锋的好榜样"有语病,因为学习的是雷锋本人。这是知其一而不知其二,"雷锋的好榜样"完全可以理解为"雷锋这个好榜样"。

动词和宾语的关系更加是多种多样,有的得用许多话才说得清楚。同一个"跑"字,"跑街、跑码头、跑江湖、跑天津"是说在哪些地方跑来跑去,"跑买卖"是为什么目的而跑,"跑警报"是为什么原因而跑,"跑单帮、跑龙套"是以什么身分而跑,"跑马"是让马为自己服务,"跑腿"是自己为别人服务,"跑电、跑水"是拦不住某种东西跑掉,"跑肚"是拦不住肚子里的东西跑掉。一般常说宾语代表动作的对象,那么上面例子里的名词都不能算做宾语,可是不算宾语又算什么呢?动词和宾语的关系确实是说不完的,这里不能一一列举,只说几个难于归类的例子:"报幕"、"谢幕"、"等门"、"叫门"、"跳伞"、"冲锋"、"闹贼"、"赖学"、"偷嘴"——这里的动作和事物之间是什么关系,您说?汉语里能在动词后面加个什么名词是异常灵活的,有了上下文常常可以出现意想不到的组合:例如"何况如今穷也不是穷你一家"(高玉宝),"这些人认为所有的配角都是'零碎',一出戏就应当唱他一个人"(萧长华)。

跟修饰关系一样,同一动词加同一宾语还是可以有两种意义。教师说"我去上课"是去讲课,学生说"我去上课"是去听课;大夫说"我去看病"是给人看病,病人说"我去看病"是让人给他看病。

这些例子可以说明语言实践中的经济原则:能用三个字表示的意思不用五个字,一句话能了事的时候不说两句。比如"谢幕",要把其中的意思说清楚还真不简单:"闭幕之后,观众鼓掌,幕又拉开,演员致谢"——这不太啰嗦了点儿吗?当然,经济原则在不同的语言里的体现是不可能完全相同的。比如汉语里说"你见着他了没有?见着了。"英语说"Did you see him? Yes, I did."汉语的回答必须重复问话里的动词,英语可以用 did 这个单音助动词来代替;英语 did 前边必得说出主语,汉语"见着了"前边不必说"我";英语要在前面来个 yes,汉语不要。总的说来,汉语是比较经济的。尤其在表示动作和事物的关系上,几乎全赖"意会",不靠"言传"。汉语里真正的介词没有几个,解释就在这里。

什么是"意义"?

谈语言和意义,谈来谈去,有个重要问题还没有谈到:究竟什么是"意义"?这个问题很不容易谈好,可是谈还是得试着谈谈。如果说"意义"是外界事物——包括各种物件,它们的特征和变化,它们的相互关系,以及这一切和说话的人的关系——在人的脑子里的反映,而这"意义"必须通过语言才能明确起来,这大概可以代表多数人的意见。问题在于"意义"依赖语言到什么程度。有一种意见认为没有语言就没有"意义",这显然是言过其实。只要看几个月的婴儿,不会说话,可是"懂事儿",也就是说,外界的某些事物在他脑子里是有意义的。又比如人们点点头,招招手,也都可以传达一定的意义。可见不是离开语言就没有"意义"。可是如果说,某种语言里没有这个词,使用这种语言的人的脑子里就缺少与此相应的概念,这就有几分道理。比如汉语里的"伯伯、叔叔、舅舅、姑夫、姨夫"在英语里都叫做"uncle"(俄语"дядя"),是不是说英语的人的脑子里就没有"父亲的哥哥、父亲的弟弟、母亲的弟兄、姑妈的丈夫、姨妈的丈夫"这些意义呢?当然不是这样。可是他们首先想到的是这些人都是 uncle,只是在必要的时候才加以分辨。这就是说,只有与 uncle 相应的概念是鲜明的,而与"伯伯"等相应的概念是模糊的。反过来说,说汉语的人首先想到的是"伯伯"等等,这些概念是鲜明的,而"男性的长一辈的亲属"这样的概念是模糊的,是要费点劲才能形成的。

对于外界事物，不同的语言常常做出不同的概括。我们总觉得外国话"古怪"、"别扭"，就是这个原故。

语言不可避免地要有概括作用或抽象作用。外界事物呈现无穷的细节，都可以反映到人的脑子里来，可是语言没法儿丝毫不漏地把它们全都表现出来，不可能不保留一部分，放弃一部分。比如现实世界的苹果有种种大小，种种颜色，种种形状，种种口味，语言里的"苹果"却只能概括所有苹果的共同属性，放弃各个苹果的特殊属性。概括之中还有概括，"水果"比"苹果"更概括，"食品"比"水果"更概括，"东西"比"食品"更概括。每一种语言都有一些这样高度概括的字眼，如"东西、事情、玩意儿、做、干、搞"等等。单词是这样，语句也是这样。比如"布鞋"，这里不光有"布"的意义，"鞋"的意义，这是字本身的意义；还有"是一种鞋而不是一种布"的意义，这是靠字序这种语法手段来表示的意义；还有"用……做成的……"的意义，这是在概括的过程中被放弃了的那部分意义。像"谢幕"那样的字眼，就放弃了很多东西，只抓住两点，"谢"和"幕"。说是"放弃"，并不是不要，而是不明白说出来，只隐含在里边。比如"苹果"，并不指一种无一定大小、颜色、形状、口味的东西；同样，"布鞋"、"谢幕"也都隐含着某些不见于字面的意义。语言的表达意义，一部分是显示，一部分是暗示，有点儿像打仗，占据一点，控制一片。

暗示的意义，正因为只是暗示，所以有可能被推翻。比如说到某一位作家，我说"我看过他三本小说"，暗含着是看完

意内言外　　127

的,可要是接着说,"都没有看完",前一句暗示的意义就被推翻了。一位菜市场的售货员说过一个故事。"有一天,一位顾客来买辣椒,她问:'辣椒辣不辣?'我说:'辣,买点儿吧。'她说:'哎哟!我可不敢吃。'后来又来了一位顾客,问我辣不辣。我一看她指的是柿子椒,就说:'这是柿子椒,不辣,您买点儿吧。'她说:'辣椒不辣有什么吃头!'说完走了。"这是听话人误会说话人的意思,也就是错误地认为对方有某种暗示的意义。

从前有个笑话:有个富翁,左邻是铜匠,右邻是铁匠,成天价丁丁东东吵得厉害。富翁备了一桌酒席,请他们搬家,他们都答应了。赶到两家都搬过之后,丁丁东东还是照旧,原来是左边的搬到了右边,右边的搬到了左边。富翁所说的"搬家"暗含着搬到一定距离之外的意思,可是照字面讲,只要把住处挪动一下就是搬家,两位高邻并没有失信。

欧阳修的《归田录》里记着一个故事。五代时候,两位宰相冯道跟和凝有一天在公事房相遇。和凝问冯道:"您的靴是新买的,什么价钱?"冯道抬起左脚说:"九百钱。"和凝是个急性子,马上回过头来责问当差的:"怎么我的靴花了一千八百?"训斥了半天,冯道慢慢地抬起右脚,说:"这一只也是九百钱。"这一下引起哄堂大笑。

暗示的意义甚至能完全脱离显示的意义。比如"谁知道",有时候是照字面讲("谁知道?请举手"),有时候却等于"我不知道"("你说他会不会同意?""谁知道!")。修辞学上所说"比喻"、"借代"、"反语"等等,都是这种"言在此而意在彼"

的例子。就因为暗示的意义不太牢靠,所以法令章程所用的语言尽量依靠显示,尽量减少暗示,防备坏人钻空子。与此相反,诗的语言比一般语言更多地依赖暗示,更讲究简练和含蓄。

有时候暗示的意义可以跟显示的意义不一致而同时并存——一般是分别说给同时在场的两个人听的,——这就是所谓一语双关。《芦荡火种》第九场刁德一审问沙奶奶,叫阿庆嫂去劝她供出新四军伤病员转移的地址。阿庆嫂对沙奶奶说:"你说呀。一说出来,不就什么都完了吗?"这里的"什么",在刁德一听来,指的是沙奶奶如果不说就要面临的灾难;在沙奶奶听来,指的是伤病员的安全。(后来改编成《沙家浜》时,这一段删去了。)

以上讲的都还是语言本身的意义。我们说话的时候还常常有这种情形:有一部分意义是由语言传达的,还有一部分意义是由环境补充的。比如听见隔壁屋子里有人说"刀!",你就不知道这句话是什么意思——"这是刀",或者"刀找着了",或者"拿刀来",或者"给你刀",或者"小心刀",或者别的什么。前面讲过的"我的书","你的信","我去上课","我去看病"等等,本身有歧义,只有环境能够决定它是什么意思。

语言和环境的关系还有另外的一面,那就是,二者必须协调,否则会产生可笑的效果。比如你跟人打牌,人家夸你打得好,你说,"打不好,瞎打",这是客气。可是如果像相声里边那位打呼噜特别厉害的朋友对同屋的人说,"打不好,瞎打",那就叫人啼笑皆非了。有一位华侨回国之后学会了一些寒暄的话,有一天送客到门口,连声说,"留步,留步",弄得客人只好忍着笑嗯啊哈地走了。

语言的地面上坎坷不平

总之,在人们的语言活动中出现的意义是很复杂的。有语言本身的意义,有环境给予语言的意义;在语言本身的意义之中,有字句显示的意义,有字句暗示的意义;在字句显示的意义之中,有单字、单词的意义,有语法结构的意义。这种种情况从前人也都知道,所以才有"言不尽意","意在言外","求之于字里行间"这些个话。

从这里我们可以得到什么教训呢?是不是可以说:语言的确是一种奇妙的、神通广大的工具,可又是一种不保险的工具。听话的人的了解和说话的人的意思不完全相符,甚至完全不相符的情形是常常会发生的。语言的地面上是坎坷不平的,"过往行人,小心在意"。说话的人,尤其是写文章的人,要处处为听者和读者着想,竭力把话说清楚,不要等人家反复推敲。在听者和读者这方面呢,那就要用心体会,不望文生义,不断章取义,不以辞害意。归根到底,作为人们交际工具的语言,它的效率如何,多一半还是在于使用的人。

从文言到白话

语言在不断地变化，文字自然也得跟着变化，可是事实上文字的变化总是落后于语言，而且两者的距离常常有越拉越大的倾向。这主要有两个原因。第一，人们学习文字是对着书本学的——就是用拼音文字的民族，也不是让儿童学会了几十个字母和一套拼音规则就了结，也还是要"念书"的——书上有的字，口语里不用了，也得学；口语里有的字，书上没有，就学不到。尤其是因为念的书往往是些经典，宗教的、历史的和文学的经典，它们的权威给文字以极大影响，使它趋于保守。第二个也许是更重要的原因是，文字是读书识字的人——在古代主要是统治阶级——的交际工具，这种人在人口中占极少数，只要这些人可以彼此了解就行了，不识字的人民群众懂不懂是不考虑的，跟他们有关系的事儿可以讲给他们听。由于这两个原因，历史上曾经多次出现过脱离口语的书面语，像欧洲中世纪的拉丁文、印度中世纪的梵文，都是显著的例子。

在中国，除了这些原因，还有汉字起着推波助澜的作用。

汉语演变的主要趋势是语词多音化，而汉字不表音，便于用一个字来代表一个复音词，比如嘴里说"眉毛和头发"，笔底下写"眉发"，既省事，又"古雅"，一举两得。何况口语里有些字究竟该怎么写，也煞费踌躇，虽然历代不断出现新造的字（而且各写各的，以致异体泛滥），到现在仍然有许多口语里的字写不出来或者没有一定的写法。同时，汉字的难学使中国的读书识字的人数经常维持很小的比率，而既读书识字则了解传统的文字又比用拼音文字的民族容易，社会上对于语体文字的需要就不那么迫切，因而造成长期使用所谓"文言"的局面。

跟文言对待的是所谓"白话"。白话最初只在通俗文学里使用，直到五四以后才逐步取代文言，成为唯一通用的书面汉语。这是大概的说法，不免有点简单化。一方面，口语不断冲击书面语，使文言的面貌起变化；另一方面，白话在最初还不能完全摆脱文言的影响，而在它成为通用的书面语之后，更不能不从文言吸收许多有用的成分。

上古时代的文字可以拿《书经》做例子：

先王有服，恪遵天命，兹犹不常宁；不常厥邑，于今五邦。今不承于古，罔知天之断命，矧曰其克从先王之烈！若颠木之有由蘖，天其永我命于兹新邑，绍复先王之大业，底绥四方。

这在当时应该是接近口语的语体文，不过跟后世的口语差别很大，就被认为是古奥的文言了。

像本文头上引的那一段《战国策》可以代表周朝末年的一般文字，大概跟当时的语言也还相去不远。汉魏以后的文字多数沿袭先秦的语汇、语法，跟语言的距离越来越大。但是也有不少接受口语影响的文章，像陶渊明的《桃花源记》就是一个例子。

南齐的文人任昉有一篇弹劾刘整的奏疏，本文是工整的"骈文"（比一般"古文"更多雕琢），里边引述有关的诉状和供词却是语体。选录一部分如下：

臣闻：马援奉嫂，不冠不入；氾毓字孤，家无常子。是以义士节夫，闻之有立。千载美谈，斯为称首。……谨案齐故西阳内史刘寅妻范，诣台诉，列称：……叔郎整常欲伤害侵夺。……寅第二庶息师利去岁十月往整田上，经十二日，整便责范米六胙食。米未展送，忽至户前，隔箔攘拳大骂。突进房中屏风上取车帷准米去。二月九日夜，[整]婢采音偷车栏、夹杖、龙牵，范问失物之意，整便打息逡。整及母并奴婢等六人，来至范屋中，高声大骂，婢采音举手查范臂。……臣谨案：新除中军参军臣刘整，间阎茸，名教所绝。直以前代外戚，仕因纨绔。恶积衅稔，亲旧侧目。……

这一段引文的中间部分和前后两部分形成显明的对照。诉状供词，轻则关乎一场官司的胜败，重则牵连到一个人或是许多人的性命，人家怎么说，你就得怎么记，自古以来都是如此。

写信是代替面谈的，所以一般书信（即除了"上书"之类）总是比较朴素，不能离开口语太远。陆机、陆云两弟兄是晋朝的有名的文人，陆云写给哥哥的信是这样的：

……四言五言非所长，颇能作赋（"颇"是稍微的意思），为欲作十篇许小者为一分。……欲更定之，而了不可以思虑。今自好丑不可视，想冬下体中佳能定之耳。兄文章已自行天下，多少无所在。且用思困人，亦不事复及以此自劳役。闲居恐复不能不愿，当自消息。

宗教是以群众为对象的，所以佛经的文字也包含较多的口语成分。引《百喻经》里的一个故事做例子：

昔有愚人，至于他家。主人与食，嫌淡无味。主人闻已，更为益盐。既得盐美，便自念言："所以美者，缘有盐故。少有尚尔，况复多也？"愚人无智，便食空盐。食已口爽（"爽"是伤、败的意思），返为其患。

白话的兴起跟佛教大有关系。佛经里边有很多故事，和尚讲经常常利用这些故事，加盐添醋，像说书似的，很受群众欢迎。后来扩大范围，佛经以外的故事也拿来说。《敦煌变文集》

里还保存着好多这样的故事记录,引一段做例子:

> 青提夫人闻语,良久思惟,报言:"狱主,我无儿子出家,不是莫错?"狱主闻语却回,行至高楼,报言:"和尚,缘有何事,诈认狱中罪人是阿娘?缘没事谩语?"("没"就是"什么")目连闻语,悲泣雨泪,启言:"狱主……贫道小时名罗卜,父母亡没已后,投佛出家……狱主莫嗔,更问一回去。"

除此之外,禅宗的和尚讲究用言语启发,这些问答的话,听的人非常重视,照实记下来,流传成为"语录"。后来宋朝的理学家学他们的样儿,也留下来许多语录。这些语录是很接近口语的,也引一段为例:

> 诸和尚子……莫空游州打县,只欲捉搦闲话。待和尚口动,便问禅问道……到处火炉边,三个五个聚头,口喃喃语。便道遮个是公才悟,遮个是从里道出,遮个是就事上道,遮个是体悟。体你屋里老耶老娘!噇却饭了,只管说梦,便道"我会佛法了也?"

白话作品从什么时候开始,这个问题难于得到一个确定的回答。一则有些古代文字,像前面任昉的文章里所引诉状,虽然是语体,可是毕竟跟近代的语言差别太大。二则流传下来的资料总是文白夹杂的多；大概说来，记录说话的部分白话的成分多些，叙事的部分文言的成分多些。通篇用语体，而且是比较纯净的语体，要到南宋末年的一部分"话本"（如《碾玉观音》、《西山一窟鬼》）才能算数。甚至在这以后，仍然有文白夹杂的作品出现，《三国演义》就是一个例子。

白话就是这样在那里慢慢地生长着，成熟着。但是一直是局限在通俗文学的范围之内，直到"五四"之后才占领了整个文艺界的阵地。这跟当时中国革命的发展有极大关系，是新文化运动的一个内容。但是在实用文的范围内，文言文的优势在反动派统治的地区还维持了一个时期。随着解放战争的胜利，中华人民共和国的成立，白话文才成为一切范围内的通用文字。但是发展到了这个阶段，白话的面貌跟半个世纪以前已经大有不同了：它继承了旧白话的传统，又从文言，并且在较小的程度上也从外语，吸取了有用的语汇和语法，大大地丰富了和提高了。

文学和语言的关系

我在一本书里头,偶然看见这么一个故事。就是有一个法国的画家,叫德卡,是一个印象派画家。这位画家,除画画之外,还喜欢做两首诗,对于做诗也很热心。有一天,他做诗,那个诗老是不出来,他去找他的朋友,一个诗人,叫马拉梅,他是一个有名的诗人。德卡跟他说:"我呀,一肚子的诗,写不出来,是个什么问题?我有很多诗的思想,不能把它写出来。"马拉梅就对他说:"老兄呀,诗这个东西,是拿语言把它写出来的,用文字把它写出来的,不是用思想写出来的,思想没法子写,要写就得用语言。"

就这么一个故事。这个故事引起我一些感想。文学作品是用语言作媒介,用语言把它写出来的。这个道理,中国古代的诗人懂,散文作家也懂,现代的诗人和作家,有的懂,有的就不太懂。现在的文艺评论都是强调生活,说一个作家要有生活,没有生活写不出东西,这话很对。但是光有生活够不够呢?你把生活经验转化成为文学作品,你要通过一种媒介,就等于我们吃东西进去,要有一种酶帮助消化。把生活转变成作品要通过语言,这个道理,我们的作家,至少是大部分作家,是懂的,因为这是非常现实的问题。你光一肚子生活,没法子把它变成作品,这就跟德卡问马拉梅问题一样。怎么办?马拉梅说你得用语言把它写出来。这个道理就跟一个画家画油画一样,你首先得调色,这个颜色,这个色彩,你得会调,然后才能画。你不借助于颜色,没法子画出画来。我们作家,大部分都懂这个道理,因为这是个很实际的问题。

非常遗憾,我们的好些文艺评论家,像是不懂这个道理。他开口生活,闭口意识形态,却不讲语言。这种文艺批评是片面的。我们的文艺批评家是这样讲了,我们学校的老师也就跟着这样讲,也是在那儿讲生活,讲意识形态,很少讲语言。那样讲文学,我认为是片面的,讲不好的。

因为有这个感想,我就去查查书。我查了两本文学史,一本是刘大杰的《中国文学发展史》,一本是社会科学院文学研究所的《中国文学史》。我看这两本书讲杜甫是怎么讲的。当然都讲到杜甫的思想等等,这是两本书共同的。我就看这两本里头讲杜甫运用语言是怎样讲的。刘大杰的书上讲得不多,讲的是杜甫入蜀以后,他的作品就有一种"逍遥恬静的风格",就那么很笼统的几句,好像杜甫运用语言的能事就那么一点,没多少可以说的。文学研究所讲杜甫,有专门一节讲"杜甫诗歌的艺术成就",这里头讲得就比较多。说他是:"精工锤炼,卓然成章。"又说:"他的风格主要表现为:'深沉凝重。'或者如他自己所说的'沉郁'","或雄浑、或悲壮、或奔放、或瑰丽、或质朴、或古简、或轻灵,无不达于胜境",就是说他各种风格都有。还有一个地方说"杜甫的诗歌在语言艺术上的成就,也是非常突出的",点出他用字,举了几个例子:"星垂平野阔,月涌大江流",一个"垂"字,一个"涌"字,都用得好,"群山万壑赴荆门","赴"字用得好。另外一个地方说他"还善于运用民间口头语言和方言俚谚",另外一个地方,说"他卓越地掌握了中国语言的声韵","他的诗不仅具有形象的美,而且具有音乐的美",如《石壕吏》这一首诗,内容有转变的地方,诗的韵脚也换了,换韵是配合它的内容的。总的说来,文学研究所讲杜甫运用语言比较多一点。

我又查查从前人的诗话。这种书我手头不多,就有一部《苕溪渔隐丛话》。这部书分前集后集,杜甫在前集有九卷,后集有四卷,共十三卷。我就拿他跟别的作家比较,韩愈是三卷加一卷,共四卷;欧阳修两卷加一卷,三卷;王安石四卷加半卷,四卷半;苏轼九卷加五卷,十四卷;黄山谷三卷加两卷,五卷。杜甫跟苏轼他们两位,讲得特别多,引的材料特别多,讲他们这首诗那首诗,讲他们作品比较详细。我意思是说,我们古人讲文艺作品,很重视作家怎么运用语言,有些什么特色,举了很多例子。而我们现在讲文艺,这方面非常忽略,光讲内容,不谈语言的运用,片面性很明显。我希望这个讲习班上讲文学的同志——当然有分工,有的题目就是说明讲思想的,那当然讲思想了——是不是也有的可以多讲一点作家怎么运用语言。就是讲思想，他的思想也不能赤裸裸地往作品里头搁呀，他还得给它穿上衣服呀，那就是语言了，他得用语言把思想表达出来，总之还是离不开语言的。我今天就这么个意思：咱们的题目是讲语言的固然是要讲语言，题目是讲文学的也讲讲文学作品怎么运用语言来表达内容。我就提供这么一个建议。

文风问题杂感

　　文风问题是个大问题，并且是个容易引起争论的问题。就拿一般所说的"假、大、空"来说吧。你说这篇文章说话不老实，他会说：要是把真相和盘托出，必然引起种种误会，造成混乱。你说这篇文章未免夸大，他会说：不这样就不能满足人们的希望。你说这篇文章净是空话，他会说你没看出其中的奥妙。总之，凡是写文章的人，十个有九个都认定文章是自己的好，什么"一字为师"等等都是神话。有鉴于此，过去凡是报刊来约稿，让谈谈文风问题，我总是尽量推辞，实在推不了的时候就谈些无伤大雅的小问题，估计到有关文字的作者会一笑置之。现在文风问题已经难得有人谈起了，我把这些零散片段集合到一起，又加进去一些新近见到的材料，供将来写文章的人参考，如果他们愿意参考的话。例子虽然不多，涉及的方面不少，以类相从，略分九节。总题《文风问题》，又加"杂感"二字。

一、言之无物

言之无物就是说空话。刚才说不谈说空话的事情，现在又拿来做题目，实在是因为在古书里发现两个百分之百的说空话的例子，非常有趣，忍不住要抄来供大家欣赏。

宋朝曾慥《高斋漫录》里有一条：

（1）徐师川之族兄少赴举场，试《圆坛八陛赋》，终日不能下一字。乃大书试卷云："圆坛八陛，八陛圆坛。八陛圆坛，既圆坛而八陛；圆坛八陛，又八陛以圆坛。"榜出，阳为失意状。或调之曰，"吾兄所以被黜，正由小赋内不见题故也。"至今传以为笑。

洪迈的《容斋随笔·四笔》卷七里有一篇《人焉廋哉论》，与此相似而又过之。《论语·为政》有一处"人焉廋哉"："子曰：视其所以，观其所由，察其所安，人焉廋哉！人焉廋哉！"《孟子·离娄》也有一处"人焉廋哉"："存乎人者，莫良于眸子。眸子不能掩其恶。胸中正则眸子了然，胸中不正则眸子眊焉。听其言也，观其眸子，人焉廋哉！"这"人焉廋哉"四个字，《论语》里说了两遍，《孟子》里只说了一遍，于是一位太学生（类似今天的大学生）就此"戏作一论"：

（2）知人焉廋哉之义，然后知人焉廋哉，人焉廋哉之义。知人焉廋哉,人焉廋哉之义,然后知人焉廋哉之义。孔子所云人焉廋哉,人焉廋哉者,详言之也。孟子所云人焉廋哉者,略言之也。孔子之所谓人焉廋哉,人焉廋哉,即孟子之所谓人焉廋哉。孟子之所谓人焉廋哉,即孔子之所谓人焉廋哉,人焉廋哉也。夫人焉廋哉,人焉廋哉,人焉廋哉,虽曰不同,而其所以为人焉廋哉,人焉廋哉,人焉廋哉,未始不同。

这些都是赤裸裸的空话,事实上是极难遇到的。但是明清两代五百多年中,几百万、几千万应科举的读书人所写的亿万篇八股文不就是上面的《人焉廋哉论》稍加梳妆打扮的东西吗?现在是没有人写八股文了,但是八股气似乎并未绝迹。试拟一例:

(3)我们知道,要做好某一件事情,就得懂得这件事情的规律,写文章也不能例外。了解了写文章的规律、原则和方法,写作的时候就有所遵循,就有可能自觉地根据写文章的规律、原则和方法去完成一篇文章的写作过程,就有可能运用这些规律、原则和方法去解决一篇文章的写作过程中所遇到的问题。

当然,这是简化了的样品,实际遇到的决不会这么简单,是要花点工夫才能认出来的。

二、莫测高深

有些文章，初看不懂，再看一遍或两遍，懂了，或者基本上懂了。这是一种情况，我们说这种文章晦涩。另外一种情况，一篇文章初看不懂，再三地看，还是不懂。可是你也不敢说这篇文章没有内容，你只能承认你所受的语文训练不适合看懂这种文章。这样的文章我也先举一篇拟作：

（4）绘画作品从自我出发的形式观念，造成了一种共时变化的形式类聚与生成性的增强，对自我意识的逆反心理，以及人类自卑感的反向心理，产生了共时的变化，达到自我精神的升华，并及内心视象。对形象价值的尊重，诸如佛罗伦萨的灵感的癌变，视觉旋律的归位，取得可变心意的律动。三维思考的朦胧反馈，实体动态的进取，必将留下意念的阶越，表达一个多元的、自主的、信息的、反差的世界。(《讽刺与幽默》1987 年 5 期，作者郭常信）

凡是拟作总难免夸大，但决不会是无中生有，总是有原型的。下面是一件货真价实的样品，是 1987 年 12 月 1 日的《人民日报》上的一位作者在他的文章《唬人的招数》里引用的。

（5）人格内在机制的形成程序是与社会文化渗透的社会化程序是同构的，因此在探微形象个体的文化心理机制时，应注意它与地域文化情境和时间限度的同一性。*

《唬人的招数》的作者解之曰："其实不过是在说艺术作品中人物形象的性格形成与这形象生活着的社会环境以及这环境的历史演变的关系。"

经过这一番破译，这一路文章跟前面讲的行文晦涩的文章的区别就出来了。晦涩的文章有作者自己的思想要表达，只是没有做到，也许是难于做到，深入而浅出。而《唬人的招数》多半是浅入而深出，其内容往往在一般读者的常识范围之内。这样，它跟前边所说的言之无物的文章就成为一具盾牌的两面了。最近在一本外国书里看到一段类似的议论，现在也把它抄在下面，可见这种文章到处都有：

> 专门化的语言也可以被人们误用，或者可能变成一种面具，用来掩盖原来想要表达的真实意思，或者用以掩盖原来就没有什么东西可说这一事实。（Michael Gregory and Susanne Carroll: *Language Varieties and their Social Contexts*, Chap.3）

---

* 我曾经试着把这一句译成英语：The formative procedure of the internal mechanism of personality is isologous to the socialization procedure of socio-cultural permeation, so when we search for the cultural-psychological mechanism of image-individuals, we must pay attention to identity between it and the regional cultural situation and time limitation. 这是很忠实的翻译，但是有哪一位懂英语的人能猜出这句话的意思呢？

三、成语的误用和滥用

不知道从什么时候起,四个字的成语成了某些写文章的人的宠儿。成语这东西,偶一用之,并且用得恰当,的确有助于文采。可是,首先得了解这个成语的真正意义——大多数成语是比字面上的意思要多点儿什么的。不懂得这个涵义,就会用错。举三个例子。

(6)第一个例子是"东山再起"。这个成语的起源是东晋时候的谢安一度出仕,不久就辞官隐居东山(《晋书》作《东土》),后来时局变动,他又出来做官,不久做了宰相。现在常常看见被人误用,例如说一个罪犯集团被破获,"虽然余党暂时销声匿迹,可是不知道什么时候又会东山再起"。把溃散的匪徒比喻为隐居的名士,显然是不恰当的。

(7)第二个例子是"偃旗息鼓"。1985年5月31日的《人民日报》第三版有一条新闻,标题是《全国武术比赛偃旗息鼓》。这是什么意思呢?是不是比赛遇到了障碍?还是谁下了停止比赛的命令?没有呀。那为什么要"偃旗息鼓"呢?再看新闻的正文,原来是"本报银川5月30日电:精彩纷呈、场场爆满的全国武术比赛今天在这里圆满结束"。难道"偃旗息鼓"就是"圆满结束"的意思?查查《辞源》看。《辞源》在"偃旗息鼓"这一条中引了两个出处:①《三国志·卷三十六·赵云传》注引《赵云别传》:"更大开门,偃旗息鼓,公(曹操)军疑云有伏兵,引去。"——赵家军和曹家军的仗没打成,谈不上圆满结束。②《旧唐书·卷八十四·裴光庭传》:"突厥受诏,则诸蕃君长必相率而来,虽偃旗息鼓,高枕有余矣。"——不用打仗了,也就无所谓结束了。《辞源》还附带说明,"也作卧旗息鼓,见《三国志·诸葛亮传》注",引的就是后来京戏里的《空城计》的故事,也是仗没打成。敢情"偃旗息鼓"跟"圆满结束"不是一回事,中间不能画等号。

(8)第三个例子是"成也萧何,败也萧何"。《人民日报》1988年2月14日第一版有记者访问雷宇的谈话记录。记者对雷宇说,"说得更为坦率而具体些,在权力的使用方面,你既有经验,也有教训。'成也萧何,败也萧何',人们更关心你对使用权力的看法,做成功的萧何而不做失败的萧何。"这可就大大的误会了。"成也萧何,败也萧何"是说韩信的遭遇:当初投奔汉王刘邦,登坛拜将,是由于萧何的推荐,后来让吕后诓去杀了也是萧何出的主意。

爱用成语就难免要滥用,滥用就常常会用得不恰当,甚至会杜撰。下面引两个例子,出处失记。

(9)扮演总理的演员用精湛的表演再现了总理在江青的要挟面前临危善战、坚持原则的风貌,揭示了总理在世事艰难、病势沉重的日子里胸有成竹、回肠荡气的内心世界,令人难忘。扮演朱委员长的演员较好地掌握了朱老总耿直厚道、忠心为党、嫉恶如仇的性格特征,表现了一个炉火纯青的老一辈无产阶级革命家对江青毫不容情地撕皮剔骨的驳斥的崇高形象。

（10）书中描写的场景规模大，人物多，斗争错综复杂，情节生动，使人目不暇接，饶有兴味。但作者写来却很从容，有条不紊。作者还不断变幻自己的笔墨，时而大开大阖，时而细致入微；时而金戈铁马，时而晓风残月；时而紧张到密不透风，时而诗意地抒情，令人心旷神怡。

有时候记忆不真，胡乱篡改，使成语不成为成语。例如：

（11）"巴"片（按指影片《巴山夜雨》）获得的诸项大奖实是名至实归的。（1981年6月20日某报，报名失记）

"实至名归"是成语，意思是质量高了，名气自然就大了。"名至实归"怎么讲呢？难道可以说名气大了质量自然就高了吗？

至于把成语里的字写错，那也是常见的。例如把"振振有词"写成"阵阵有词"，把"长此以往"写成"常此以往"，等等。有两个成语的写法恐怕已经难于改回来了："毕恭毕敬"（原为"必恭必敬"），"不究既往"（原为"不咎既往"）。

还有一种毛病是把四个字的成语去掉一半用一半。有两个例子：

（12）华罗庚不渝地深入生产实际找课题的精神也受到

党和国家的高度评价。(人京日报 1985 年 2 月 4 日第三版《在千百万人之中》)

（13）世上没有十全十美的人和事，没有现成的幸福，全靠想得开，靠相互谅解，靠争取，靠奋斗……唉，我也说不好，反正，你心领就是了。(《当代》1984 年 6 期 199 页）

例（12）是把"始终不渝"的"始终"去掉，只剩下"不渝"二字，没法儿讲。例（13）是把"心领神会"的"神会"去掉，只剩下"心领"二字，倒是可以讲，却是另外一种意思了。《现代汉语词典》：【心领】客套话，用于辞谢别人的馈赠或酒食招待。

（14）还有一件事情需要注意的是现代的读者对于古典文学不一定熟悉，因而在文章里用成语要考虑到读者即使不知道这几个字的来源，也能懂得它的意思。忘了是 50 年代的哪一年，在报上看见一条新闻的标题，是"伊拉克山雨欲来／近二百名军官被捕"。如果作者不给读者一点儿帮助，许多读者是不会真正懂得"山雨欲来"这四个字的涵义的。但是这条新闻本身只说："伊拉克当局逮捕了伊拉克陆军的 192 名军官，罪名是策划政变。正在继续大批逮捕爱国人士。"读者还是不懂标题里那四个字是什么意思。如果能在最后加上一句"伊拉克政局大有'山雨欲来风满楼'之势"，读者就明白了；否则，最好不要在标题里边用上这四个字。

最后，对爱用成语的同志们说几句也许是不中听的话。不

文风问题杂感　　149

错,汉语有丰富的宝贵遗产,值得我们骄傲。可是毕竟一个时代有一个时代的语言,现代人说现代话,听起来有一种亲切感,好得很。干嘛老想掏老祖宗的兜儿呢?依我说,我们做人要做现代人,写文也要写现代文。多向前看,少向后看,这不很好吗?

四、四字语

成语以四个字的为多,但不一定凡是四个字的组合都是成语。成语是固定的,一般四字语不怎么太固定;成语很少连着用,四字语常爱连着用。谁最喜欢多用四字语?中学生和小报的投稿者。

听说中学老师乃至小学老师之中很有些人,指导学生作文,首先要他们"储备"精采的词语,用个本子抄下来,作文的时候打开本子来找。早几年还曾经看到过一本讲成语的书稿,作者鼓吹多用成语不遗余力,特别推荐下面这段新闻报道作为范本,说是如何如何的好,是了不起的"佳作"。

(15)丹东三面环山,一面临水,山光水色,引人入胜。西哈努克亲王和夫人,英萨利特使和其他柬埔寨贵宾们小憩之后,登上锦江山顶的锦江亭,凭栏远眺,俯瞰全景。山上佳木葱茏,江里春水溶溶,远近屋宇栉比,舟车往返频繁,呈现出一片生气勃勃的景象。西哈努克亲王意兴盎然,谈笑风生,不时拿起望远镜浏览景色,赞扬丹东市的建设成就。

"佳作"当然谈不上,但还算得是通顺。下面这一段就连通顺也成问题了。这一段见于某一个文摘报。

(16)《争鸣》第三期发表艾斐撰写的文章,认为红学界对《红楼梦》的研究越来越离开了《红楼梦》的本体内容,不在"书内"所含蕴、所潜在的思想意义、创作倾向、表现手法和艺术技巧上,下功夫进行研究和探索,而是津津有味地在"红外学"、"红外线"上唯芥是较,烦琐考证,猜谶铁佚,穿凿绎义,畸言喋冗,龈龉频仍,以至于仅仅为了与《红楼梦》本体内容并无多大关系,甚至完全没有关系的一首诗、一幅画、一竿竹子、一丛菊花、一个谜语等等,也要轮番连篇讲演,交相累牍著文,虽已唇焦文滥,仍旧存疑无终。好像《红楼梦》不是一部小说,而倒是一件出土文物,需要像考古学家那样,对其内在微末和外及小芥也拆析论证,侧测穷极,以至于形成了这样一个共同的客观效果,即《红楼梦》这部伟大的现实主义文学杰作,离开我们社会主义的文学现实越来越远了,与文学界越来越隔膜了,对文艺理论研究和文学创作实践的积极意义和借鉴价值越来越疏淡和微小了,从而使文学界不那么愿意问津和染指红学界和《红楼梦》的事了。(胡聿摘)

这段文字里边的生造和误用的词语的比率之高是罕见的。因为没有找到《争鸣》里边的原文,所以无从断定这些妙语是艾斐同志原文所有还是胡聿同志的创造。如果是后者,艾斐同志完全可以提出抗议,我想。

治这种毛病并不难。有一个验方:请人照念,念不下去或者听不懂就改,改到能够听懂为止。

下面这段是从1984年第8期《人民文学》摘下来的,它的特点是四字语特别特别的多,像连珠炮似的。

(17)噫,曾几何时,去年往日,豁出了破釜沉舟、背水一战,历经了千辛万苦、九死一生,永诀了千古英灵、万代烈士,而奠定了为民族解放、为人民翻身而发号施令的革命根据地——区区之隅。

山乡,山镇,一片荒凉。地处陕北的黄土高原,峰峦重叠,沟壑间隔,塬梁峁谷,溜溜平川,现出特殊地势的奇形怪貌。处处层层的颓垣断壁,斑斑屑屑的残砖碎瓦,尽是历史的废址遗迹。镇民、农民,多居沿山周围窑洞;而其附近一带,多属凸凹田垄、上下梯田,断续零散,交错间杂,像是大地许许多多、条条块块的补丁似的。时属深秋,气候干燥,温度无常,已由午热渐入夜冷;而展望土色秋色,黄上加黄,黄中透黄,真是满目不胜的无垠的黄金美景。

读这样的文章，像是躺在夜车的卧铺上，听车轮在铁轨上行驶，发出均匀的格登格登之声，引人入睡。

五、转文和生造

现代人写文章应该用现代语言，这是不成问题的。有些作家对古典文学有修养，在文章里用上些文言词语，能够做到水乳交融。但这不是很容易做到的。没有这种修养而轻易尝试，多半会弄巧成拙。下面是两个例子。

（18）我国足球队在迭遭失败后，连克五关，挂冠而归。（出处失记；把"挂冠"误解成夺得桂冠。）

（19）考古发掘出土的古物遗骸，都不得不送到外国去鉴定……不仅耗时耗钱，还得以"央求"、"看别人脸色"的态度屈就。（《光明日报》1984年11月27日，二版；"古物"中间落了个"生"字；这里该是"仰求"，不该是"屈就"。）

由不恰当而不通，是很容易跨过的一步。不通的例子：

（20）富于感情，易冲动，一瞬之间，为之所感动！……又恰恰正好与其共有同好。（《小说选刊》1984年12期）

（21）却新式水泥楼阁立锥地而拔地起……但他装傻，取人以悦，只是憨笑……他不收我的竹子，我有何奈？（《小说选刊》1986年5期）

喜欢转文的人也就爱好生造词语。生造词语是经常会遇到的，这里只举少数几个例子。

（22）砍刀就静落，亮亮的，像失遗的一柄弯月。（出处同〔21〕）

（23）犹如世上遍一切建筑物那新，忠实而简扼地铭刻着社会的沧桑……免去他们到内地采购工艺品的劳程。（《人民文学》1984年8期）

（24）未满十五岁的男子跳高新秀柯文程，近在台湾一次田径分龄赛中创造一米九七佳绩。（《光明日报》1984年11月27日）

六、是耶？非耶？

没有一个人能够无所不知，无所不晓。写文章的时候只有多存一个心眼儿，遇到没有把握的事情，查查书，问问人，只有好处，没有害处。很多人或者太相信自己，或者为了赶任务，

在文章里留下错误,事后发现,往往难于改正。举几个例子:

(25)位于江苏省北部的泗洪、洪泽、盱眙、泗阳、沭阳、宿迁、高淳、邳县和灌云九个县……(《光明日报》1984年11月7日第一版)

按:高淳县在江苏省南部,与泗洪等县相去甚远。

(26)蔡元培出身科举,为清末翰林学士。(《人民日报》1984年11月19日第五版)

按:蔡元培曾任清朝的翰林院编修,不是翰林学士。清朝也没有翰林学士这么个官职。

(27)大妹,把"光绪二年"改一下,写成"1910年"。(《人民文学》1987年11期)

按:光绪二年是1876年,1910年是宣统二年。

(28)自从英勇的苏联红军解放了捷克以后,布拉格不再是封建帝王游玩享乐的地方。(《旅行家》1958年4期)

作者忘了奥匈帝国的瓦解是在1918年,这以后布拉格就"不再是封建帝王游玩享乐的地方"。从 1918 年到 1945 年这二十七年中，捷克已经是一个共和国，只有总统，没有皇帝了。

（29）比如美国在 19 世纪 30 年代以后，几乎可以使美国森林毁灭的砍伐，以及不仅因为二次世界大战、政治家的功绩，也因为制止了这一场砍伐而名留青史的罗斯福总统。（《新观察》1988 年 2 期）

这个例子取自长篇报告文学《伐木者，醒来！》。这是一篇非常感动人的好文章，可是这里把两个罗斯福说成一个人，就成为白璧微瑕了。按制止森林砍伐的是老罗斯福（Theodore Roosevelt，1858—1919），领导美国参加二次世界大战的是小罗斯福（Franklin D. Roosevelt，1882—1945），他们不是一个人，也不是父子或叔侄，只是沾点亲就是了。

（30）（丘吉尔竞选，他知道英国的普通选民对上层社会爱用法语显示高雅非常不满，）故意读错外国人名，每次将 Marseilles（法语，先生）读作 Mar-sales。（期刊，刊名和年、期失记）

这可真是强不知以为知了。Marseilles 不是人名，是地名，就是大家都熟悉的"马赛"，不是什么"先生"，"先生"的法文是 Monsieur。即令是"先生"，也只是一个普通名词，不是哪一个人的名字。

（31）阳春三月，青海省黄河湟水沿岸农业区麦苗吐绿，杨柳返青，五万亩果园也繁花似锦，争妍斗艳。（日报通讯，报名和日期失记）

这段文字见报之后，就有"青海一读者"来信说："青海主要是春小麦，阳历三月在气候较暖的地区小麦也刚出芽，大地还不见绿色，在西宁、湟源等地有相当一部分地区春播还没完毕，已播的小麦也还没出芽。再说果园，新闻见报时这里杏花还没开，梨花更不用说，哪来的繁花似锦？"可见作者写的不是亲眼所见，而是想象之词。

以上（30）（31）两例已经由不虚心升级为不老实了。*

七、啰唆和累赘

很多人说话啰唆，一句话颠来倒去说几遍，可是拿起笔来写文章，一般都比较干净。但是也有不避重复，可简化而不简化的。这里举一个篇幅不长的例子：

---

* 写新闻报道来不得一点"想当然"，请看下面的《北京晚报》读者来信（1981年2月16日）：晚报二月六日一版《顾不上回家吃年饭的人》的消息中提到：电报大楼的时钟刚刚敲过辛酉年的第一个五响，新风饭馆经理段宝成就已在打扫院子、餐厅了。……事实却是，电报大楼的时钟每天晚上十点钟以后便停止打响，早晨七点钟才开始打响，早晨五点时并不打钟。希望晚报的报道，在细节上也要注意真实。

（32）为加强基础理论工作和准备参加 1980 年将在广州召开的国际性粒子物理会议，中国科学院最近在郑州举行全国超对称性和超引力问题学术讨论会，对超对称性和超引力的问题进行研究和探讨。

"超对称性"和"超引力"是 70 年代在国际上才引入物理学中的新概念。在这次会上，介绍了当前国内外对于超对称性和超引力问题研究的情况，本着百家争鸣的精神展开了热烈的、自由的学术讨论，在某些问题上提出了一些新见解。(《光明日报》1979 年 11 月 17 日）

这里边，加点的字句都可以删去，加圈的地方可以用"这两个"替代。文章的长短决定于内容。如果每一句每一字对于内容的表达都不可缺少，多长的文章也不算长。如果其中有对内容没有贡献的字和句，文章虽短，也是太长了。这也就是鲁迅先生所说"竭力将可有可无的字、句、段删去，毫不可惜"的意思。

跟啰嗦同样叫读者不耐烦的是累赘，它的典型形式是在句子里边出现一个特别庞大的成分，让读者一路念下去没有喘口气的机会。这可以称为句子里的大跨度。下面举两个例子。

（33）当前，抓评定编辑业务职称工作，就是加强编辑队伍建设的重要措施之一。大力抓好这项工作，对于进一步落实党的知识分子政策，加强对编辑的培养、考核和合理使用，鼓励编辑学政治、学理论、学文化、学业务、学各种有用的知识,充分发挥编辑的积极性和创造性,建立起一支革命化、年轻化、知识化、专业化、能够适应社会主义现代化建设需要的又红又专的编辑队伍,具有十分重要的意义。

"对于"之后要经过 5 个停顿(逗号)、108 个字才接上"具有十分重要的意义",这是对读者的耐性的考验。

有没有改善的办法呢?有。在每个逗号之后都重复一下"对于",可以起到缓和的作用。但这不是根本解决的办法。根本解决的办法是删去"具有十分重要的意义",把"对于"改为"有助于"。没有什么非用"对于"不可的理由。

(34)琼瑶、三毛热的出现,对我们过去片面地强调文艺为政治服务,只注意文学作品的思想性,而忽视文学作品的愉悦性;只强调文学作品的教育性,而忽视文学作品的娱乐性;只强调文学作品的严肃性,而忽视文学作品的通俗性;只强调高大全人物的创造,而打击"中间人物"的出场;只准歌颂题材的作品出版,而禁止爱情题材的作品问世等弊端的一种警戒和补充,所以……

"对"跟"弊端"中间一共有 127 个字,这个定语真是够长的了!定语长了容易在结构上纠缠不清,把读者引入歧途,现在这个长定语倒没有这个毛病,因为它用的是一系列的并列结构。

大概这是作者有意这样安排的。但是要读者一口气念一百二十多个字才找到"对"字的宾语,才能喘口气,这在修辞上为得为失,还是大可商量的。

　　这么长的定语不光是让读者念起来吃力,连作者自己也搞糊涂了:他写"对"字的时候本来打算在"对……弊端"之后来一个动词的,可是写到"弊端"二字的时候连他自己也忘了这档子事儿了,于是这个句子就缺少了一个一般不能缺少的谓语动词,成为"琼瑶、三毛热的出现,对……弊端的一种警戒和补充,"这是不像一个句子的。如果作者在写完之后再念一遍,发现这是个问题,于是在"对"字前面加个"是"字,问题也就解决了。(问题之外的一个问题:"对……弊端的警戒"好讲,"对……弊端的补充"怎么讲?)

八、从自然到做作

　　下面是曾经在竞赛中得奖的两篇中学生作文。

　　(35)我的家庭有四个成员:爸爸,妈妈,妹妹,还有一个——不用说就是我了。

　　我特别喜欢爸爸。他高高的个子,谈吐举止常常惹人发笑,但当他对什么不满意的时候,我又有点怕他。

　　妈妈搞地震研究工作,一天到晚总是那么忙,忙得几乎顾不上我们。

妹妹只有八岁。我和她既是姐妹,又是冤家。当我管她的时候,她总是:"你管得着吗?"说罢还常常送给我一个白眼。要不是妈妈在旁边,我非给她两下子不可。

你瞧,这就是我的家庭,一个又有快乐又有"斗争"的家庭。

(36)你见到过山路吗?有时,它在绿树丛的掩映下断断续续;有时,一片浮云飘来,这本来就若隐若现的山间小径便干脆消失于其间了;还有时,那巍峨险峻的高山,根本没有一条路可以通向它的顶点,而一旦有勇敢的攀登者历尽艰辛,登上这高山之巅,那么他就可以尽情地领略那万千气象,无限风光。

书山,难道不也是这样的吗?书山是知识之山,智慧之山。向往书山之心,恐怕人皆有之。但是,有些人仅仅是"高山仰止"而畏山却步;有些人虽一时兴起,在山崖险路之上洒落过一些汗水,但终因荆棘满山,险石环生,半途而废,甚至在高峰前面"功亏一篑"。只有那些不畏艰险,披荆斩棘,攀藤跃石的勇士,才能登上光辉的顶点。

前一篇是初中学生写的,后一篇是高中学生写的。从表面上看,前一篇有点稚气,后一篇老练多了;前一篇词汇浅显,句法简单,后一篇词汇丰盛,句法繁富。可是给读者的总的印象是后一篇不如前一篇。为什么?前一篇的作者说的是自己的话，读其文如见其人；后一篇的作者说的是套话，闻其声不见其人。简单说，前一篇自然，后一篇做作。

值得注意的是这两篇在一定程度上分别代表现在的初中学生和高中学生的文风。我们当然不希望我们的青年的写作永远停留在（35）的水平上，但是这个方向是对的，要自然，要说自己的话。与此相反，像（36）那种不谈自己的感受而罗列些人人都得点头的套话，发展下去就有跌进说空话的泥坑里去的危险。

九、真假风格

常常遇到这样的情形：两个人同看一篇文章，一个人说它有这样那样的毛病，另一个人说："这是他的风格嘛！"如果这文章就出自其中一人之手，这句话就变成"这是我的风格嘛！"撇开这种"泛风格论"不算，究竟什么是风格，很值得研究。我没读过风格学的论著，没法子引经据典来说明，姑且从一个普通读者的角度来说几句。

我还是相信孔老先生的话："修辞立其诚"。就是说，不管是写人、写事、写物、写景，写的都是自己的观察，自己的感受；不玩弄词语，不玩弄读者。有了这个前提，这才可以谈这风格那风格。否则只会成为假古董。

这里举两种"风格"做例子。一种是"自作多情"，这是比较常见的一种。

（37）乘晨曦，采一把带露的鲜花，摘几枝含苞的杨柳，这是时间留下的见证……

我看见，你们用炽热的鲜血浇出青松绿杉的圈圈年轮；高楼矗起，你们向宇宙探讨着人生……

时间啊！有时像雷电一闪而过，……有时把希望、回忆压缩在流水之中。（《人民日报》1981年6月19日第八版《时间面前的年轻人》）

（38）跨过长江，仍然是一马平川。离江渐远，树和草便愈觉不如江南的鲜嫩翠绿。但是，有莽莽黄土塬壮其声色，衬其灵骨，我不觉被北方植树那种不羁与韧拔所叹服。

在江北匆匆的旅次中，我有幸享受了土地主人的好客，细细品味了这绿色之子的款款心曲。这皖地风格的旅馆花窗外，便是一大片草地。土质看上去极贫瘠。草根与土，除了精神默然相契外，那根系的发达，想必全赖于土地幽远幽远的亲情了。月见草呵！（《人民日报》1988年7月19日第八版《月见草》）

初看这两篇文章，即景生情，参以哲理，很像是相当不错的所谓抒情散文。可是禁不起推敲。拿（37）说，"含苞的杨柳"是个什么样儿？又怎么是"时间留下来的见证"？怎么"用鲜血浇出……年轮"？怎么"向宇宙探讨着人生？"时间怎么"压缩"希望？又怎么"压缩"回忆？并且把它们"压缩在流水之中?再看(38),既是"一马平川",又哪来的"莽莽黄土塬"?什么叫做"壮其声色,衬其灵骨"?一个人怎么被什么什么所叹服?什么叫做"绿色之子的款款心曲"?这些都是十分费解的。堆砌一些漂亮的字眼,形成一种扭扭捏捏的花腔,只能吸引缺少文学修养的一部分中学生。

另一种文章的"风格"很难用几个字来概括,姑且说是"生涩"和"飘逸"的混合物吧。这种文章并不多见,下面举一个例子,是因为它曾经受到刊物编者的特别赞赏。这是一篇小说,有几千字长,这里只能引几小段。

(39)河水又从容,旷古皆然的来而且去。然而小船并不飘走,固然绳索,业已烂断。——抑或没有风的缘故吧。

……一个细伢子……喊另一个细伢子名字。嘴巴小去时,便听到自己声音长长短短射远。忽然背上就有了些些冷。就从裤裆里掏出一线尿来。

但凫水的人似乎上了沙渚,小小黑点遂为柳烟所没。唯浅浅笑语一朵朵黯然地开。残月如慈眉。

其时,柳烟里的人站起来……就一阵阵生了凉意,清寂着一张面。何况真是有了细细风,远远来而且远远去。(《人民文学》1985年9期)

一望而知,作者是在模仿沈从文的风格。但是沈从文的风格是"只此一家",别人要学他就有画虎不成的危险。从文先生的文章，无论是小说还是记事，都植根于对他故乡的人和事的深深的眷恋，其感人在此。至于他的文章的风格倒并不一定是跟内容不可分割的。或者也可以说，他的行文寓巧于拙，以冷隽掩盖热情，产生一种特殊的效果。没有他的生活感受而刻意模仿，斤斤于形似，效果是不会好的。这里用得着鸠摩罗什的一句有名的话："学我者病"。

仿佛记得有一位外国学者说过"无风格是大风格"之类的话，也就是说，看不出有什么个人特点而只是处处妥贴的文章是最好的文章。我觉得这句话很有意思。

后记

最近读者王蒙的《话说"实验小说"》(《光明日报》1988年10月23日《东风》副刊)，里边有些个话，虽然说的是写小说，在一定程度上也适用于文学作品以外的文字，抄两段在下面供参考。

这些大抵说不出一句完整的外语的小友们还都成了现当代外国文学的专家。他们张口闭口大谈外国。他们十分聪慧，社会经验上也相当早熟，所以能靠一些残缺不全的间接借鉴营造自己的新潮佳构。而我国的特殊的"养起来"的优越办法，使一些小有机灵与语言文字能力的人甚至连吃饭都不必操心。从实实在在的生活中极方便地"升华"

到云里雾里，写些发昏第十三章之作，再互相捧捧图个吉利，也确实在考验着人们的承受力。

严格说，这已经不是简单的文风问题，而是应该升格为学风问题了。

1988 年 10 月 31 日

从改诗的笑话说起

相传有两个改诗的笑话。其一：有人说"清明时节雨纷纷，路上行人欲断魂。借问酒家何处有？牧童遥指杏花村"这首诗太啰嗦，每句头上的两个字都应当去掉。他说：随便什么时候都可以下雨，何必清明。行人总是在路上，不言而喻。酒家何处有？已是问话，借问多余。路上的人都会指点杏花村，不光是牧童。因此这一首七绝应当改成五绝："时节雨纷纷，行人欲断魂。酒家何处有？遥指杏花村。"

其二：有人说"久旱逢甘雨，他乡遇故知，洞房花烛夜，金榜挂名时"这首诗太平淡了，需要加一把劲，在每句头上加两个字。经他改造过的这首诗是："十年久旱逢甘雨，千里他乡遇故知，和尚洞房花烛夜，童生金榜挂名时。"

这些当然都是笑话，修改诗句的依据大多数是歪理。但是也不能说没有一句改得有三分道理，比如"千里他乡遇故知"就不一定不如"他乡遇故知"。这也说明鲁迅先生"写完后至少看两遍，竭力将可有可无的字、句、段删去，毫不可惜"的教导，应用到具体的例子上去并不是处处都很容易做到，因为究竟哪些是"可有可无"有时候是很难说的。如果我们把上面的诗句的原本和改本拿去征求从来没有读过原诗的人的意见，是不是句句都是原本得多数票，也还难说呢。

为什么老师改学生的作文，编辑改投稿人的稿子，学生和投稿人往往不服？这里边当然有"儿子是自己的好"的心理作用，可是也不能说其中没有"得失寸心知"的因素。

我这样说，没有取消鲁迅先生的话的意思。我丝毫没有这种意思。我的意思倒是要劝写文章的人认真照鲁迅先生的话去做。鲁迅先生说"至少看两遍"是经验之谈，看一遍是不够的。还有一点鲁迅先生没有明说，但是也很要紧，就是，看的时候不要只从自己的角度去看，还要从读者（包括老师和编辑）的角度去看，才能发现哪些字、句、段是可有可无的。总之不要写完之后一遍都不看就交上去或寄出去就是了。

诗句的次序

看到《中国语文》1980年第3期里谈语句次序的短文,想起一个故事。唐朝诗人李涉有一首——或者应该说是"有一句"——有名的诗:

终日昏昏醉梦间,忽闻春尽强登山。
因过竹院逢僧话,偷得浮生半日闲。

宋朝有一位诗人有一天也是出游,信步走进一座佛寺,"颇有泉石之胜",就把上面这首诗念了一遍。后来见了庙里的住持和尚,谈了一阵,觉得这和尚很俗气,就告辞了。那和尚请他题首诗留个纪念,诗人一挥而就。诗曰:

偷得浮生半日闲,忽闻春尽强登山。
因过竹院逢僧话,终日昏昏醉梦间。

同样四句诗,头一句跟末一句倒了个个儿,意思大不相同。这个故事见于宋人笔记,可惜不记得书名了。

按:此事见元朝白珽的《湛囦静语》(囦=渊)。

莫须有

"莫须有"是常常被人误解的一句话。《宋史·岳飞传》云:

> 狱之将上也,韩世忠不平,诣桧诘其实。桧曰:飞子云与张宪书虽不明,其事体莫须有。"世忠曰:"莫须有三字何以服天下?"

这就是有名的"三字狱"。望文生训的人往往以为这句话等于说"不须有",和"子虚"、"乌有"差不多,而且就照这个意思来应用,如4月24日(1944)成都《新新新闻》云,"市面讹传20元、50元的关金券已开始流通了,其实仍然是莫须有的事情。"

但是这明明和《宋史》原文的语气不合,于是有别种解说。如毕沅的《续资治通鉴》卷一二四考异即引《中兴纪事本末》作"必须有",这是一说。

俞正燮《癸巳存稿》卷三"莫"字条又提出"莫"字断句说,略云:"其事体莫"为一句,"须有"为一句。盖桧骄蹇,反诘世忠，谓"其事体莫"，示若迟怀审度之，而复自决言"须有"。故世忠不服，横截其语，牵连为一句，言"莫须有"三字何以服天下，此记言之最工者也。并引《论语》"文莫，吾犹人也"，东坡与辨长老书"钟铭，子由莫，终当作，待更以书问之"，王巩《随手杂录》"既误莫，须放回"，范公偁《过庭录》"其人莫，未应至是否？"诸例为证。（以上皆依俞说断句。）这又是一说。

俞理初解书，往往很精辟，能发前人所未发，唯独这个莫字断句说，和必须有说竟是半斤八两，同样的可笑，还要恭维韩世忠会做截搭题，真是冤哉枉也。推原其故，大概是把"莫"字当作和表语气停顿的"么"是一个字了。这实在是一种误会。"莫须"是宋人常语，如：

只朝廷推一宽大天地之量，许之自新，莫须相从？（程语 52）

问：五峰所谓"天理人欲，同行异情"，莫须这里要分别否？（朱语 167）

韩魏公有文字到朝廷，裕陵意稍疑。介甫在告，曾鲁公以魏公文字问执政诸公曰！"此事如何？"清献赵公曰，"莫须待介甫参告否？"（《曲洧旧闻》8.9）

不知如今本朝所须底事莫须应副得么？（《绍兴甲寅》162.7）

"莫须"就是现在的"恐怕"或"别是"之意。

用"莫"字作测度疑问之词,从南北朝直到现代。最早只用一个"莫"字,如:

> 莫要太子生否?(《稗海》本《搜神记》,中华书局印《搜神后记》76)
> 莫是在政别有异能?(同上98)
> 此鸟莫是妖魅?(同上108)

唐人仍以单用为常,如:

> 莫惊圣人否?莫损圣人否?(《唐书》200《史思明传》)

有一"莫须"例:

> 上谓宰臣曰:"有谏官疏来年御含元殿事,如何?莫须罢否?"(《因话录》1.8)

但似应把"莫"和"须"分开来讲,尚未融为一体。宋人也还有单用"莫"字的:

> 后莫有难否?(《灯录》5.4)
> 某尚未行,监司莫可先归?(丁传靖编《宋人轶事汇编》

571引《随手杂录》）

莫定要剥了绿衫?（《宋人轶事汇编》引《孙公谈圃》）

在"莫"后加否定词，似乎始于唐代，如：

公曰："诸葛所止令兵士独种蔓菁者何？"绚曰："莫不是取其才出田者生啖，一也；叶舒可煮食，二也……"（《嘉话录》8）

元、明以后就不单用"莫"，也不说"莫是"和"莫须"，只说"莫不是"和"莫非"，甚至"莫非是"了。

一不作，二不休

"一不作，二不休"是旧时常用的一句成语。小时候读旧小说，常常碰着它，总当它"不作不休"即"非作不可"讲，倒也似乎讲得过去，也没有追究为什么要安上个"一"和"二"。后来学着更细心一点读书，才悟出这"一"和"二"是"最好"和"其次"的意思。果然在最近得了一个印证：唐赵元一撰《奉天录》（指海本）卷四云：

> 朱臣张光晟临死言曰："传语后人：第一莫作，第二莫休。"

这句话在当时一定很有名，很快地传了出去。北宋的和尚已经拿它来当成语用，如《法演禅师语录》云"一不作，二不休，不风流处也风流"（《大正藏》47册652）。

这句话里的"作"字原来也不作普通"作为"讲，乃是"作贼"的省说。"作贼"就是造反。朱批是德宗朝的叛臣，后来兵败穷促,部下将领杀了他去投降,张光晟是其中的一人,而终不免于一死,所以有"第一莫作,第二莫休"之语。要是广义的"作为",天下尽多可作应作之事,怎么能一概说"第一莫作"呢?用"作"一字作造反讲,南北朝已经通行,如《宋书》卷七二《巴陵王休若传》云:

不解刘辅国何意不作?

《南齐书》卷二六《王敬则传》,敬则谋反,问僚佐:"卿诸人欲令我作何计?"丁兴怀曰:

官只应作耳。

同书卷四四《沈文季传》,唐㝢之反,武帝闻之曰:

鼠辈但作,看萧公雷汝头。

《隋书》卷六五《赵才传》,宇文化及反,才于宴次劝与化及同谋逆者一十八人杨士览等酒,曰:

十八人,止可一度作,勿复余处更为。

都是这个意义。宋朝人也用"做"表示造反,如:

>狄青，你这回做也。你只是董士廉碍得你，你今日杀了我，这回做也！(《默记》，中华书局标点本 12）

直到南宋初，王俊出首岳飞，状中谓张宪曾对俊说：

>我待做，你安排着。待我交你下手做时，你便听我言语。(《挥麈录》，余话第八一节）

这个"做"字也还是"反"的意思。

绿帽子的来源和产地

曾经读过一篇名为《漆彩》的小说，里边有一段对"绿帽子"的解说：

绿头？是指戴绿帽子的头吧？在欧洲，戴绿帽子的人是指妻子和别人睡觉，而他本人还蒙在鼓里的冤大头丈夫。

查清赵翼《陔余丛考》卷三八"绿头巾"条："明制，乐人例用碧绿巾裹头，故吴人以妻之有淫行者，谓其夫为绿头巾，事见《七修类稿》。又《知新录》云：明制，伶人服绿色衣……然则伶人不惟裹绿巾，兼着绿衣。"前人考证如此，其实是靠不住的，因为伶人和纵妇卖淫者毕竟不能画等号，而且伶人不仅帽子是绿的，连袍子也是绿的。

《陔余丛考》同卷又引宋庄绰《鸡肋编》"浙人以鸭为讳"。《鸡肋编》原文如下："浙人以鸭儿为大讳。北人但知鸭羹虽甚热亦无气，后至南方，乃知鸭若只一雄，则虽合而无卵，须二三始有子。其以为讳者，盖为是耳，不在于无气也。"按公鸭的头上的毛是绿的，"绿帽子"的来源可能在此而不在彼。但原文"鸭儿"二字可以有两解，或指父鸭，或指子鸭，都说得通。

《水浒传》第二十五回，郓哥道："我前日要籴些麦稃，一地里没籴处，人都道你屋里有。"武大道："我屋里又不养鹅鸭，哪里有这麦稃？"郓哥道："你说没麦稃，怎地栈得肥腌地，便颠倒提起来也不妨，煮你在锅里也没气？"武大道："含鸟猢狲，倒骂得我好！我的老婆又不偷汉子，我如何是鸭？"郓哥道："你老婆不偷汉子，只偷子汉。"这一段书证明：一、《鸡肋编》的"鸭儿"指的是父鸭；二、讳鸭之俗到明朝还存在；三、煮而无气与多雄共子并不矛盾，都是鸭犯忌的理由。

不管绿帽子的来源究竟如何，其为中国土产大概是没有疑问的，"在欧洲"云云不免中冠西戴，乃是一种误传。相当于中国早先的鸭或后来的乌龟的字眼，在英语里叫做cuckold，即cuckoo（斑鸠）。为什么跟斑鸠发生瓜葛，其说不一。约翰逊博士在他的词典里说是起源于有好心而又好事的朋友看见"第三者"走来的时候，就发出"咕咕！咕咕！"之声，本意是给丈夫以警告，说是"鸠"要来占你"鹊"的巢了。后来却弄颠倒了，称不幸的丈夫为"鸠"，并且可以用做动词，就是让某人当王八的意思。至于不幸的丈夫头上的标记，那就不是绿帽子而是犄角（horns），当然，跟绿帽子并不真的戴在头上一样，犄角也是看不见的。它的来源据说是出于一种古老的风俗，在阉割小公鸡的时候，同时把它的鸡距割下来嫁接在冠子上，后来长成两只小犄角，借以辨认阉鸡，而阉鸡常被认为是有妇不贞者的象征。

Cuckold 和 horn 现代英语里是难得遇见了，但在莎士比亚时代乃至18世纪喜剧里并不罕见。例如莎士比亚《温莎的风流娘儿们》第三幕末了，福斯塔夫说："再见，白罗克大爷，您一定可以得到她；白罗克大爷，您一定可以叫福德做一个大王八。"这里的原文就是"…you shall cuckold Ford"。接下去是福德发觉此事，发狠要把奸夫捉住，"王八虽然已经做定了，可是我不能就此甘心呀；我要叫他们看看，王八也不是好欺负的"。原文是"… if I have horns to make me mad… I'll de horn mad"。（译文见朱生豪译本，"王八"原作"忘八"，"欺负"原作"欺侮"。）

剪不断，理还乱
——汉字汉文里的糊涂账

早些天觉得人不太舒服，躺着休息，找些旧报纸来解闷儿。一翻翻到一张1990年8月14日的《人民日报·海外版》，看看旧新闻，挺有趣。忽然发现在第三版上有一条新闻的文字有问题。这条新闻的标题是《北京整顿字画市场》，里边有这么两句：

> 大量的伪劣字画竞相充斥市场……爱新觉罗·敏岠先生否认本家族中没有毓龙、兆裕此人，至于他们的字画，纯系伪造。（为了排印方便，原来的繁体字改用简体。下同。）

"充斥市场"好懂，前边安上个"竞相"就不好懂了。"本家族中没有毓龙、兆裕此人"，没有就是没有了，可又加以"否认"，那么究竟是有还是没有呢？"毓龙、兆裕此人……他们的字画……"，既是"此人"，那毓龙兆裕是一个人，可又有"他们"，那就只能是两个人，不知道究竟是一个人还是两个人。

接着在第四版上有一篇报道一位教授研究《越绝书》的，里边有一句是：

> 对该书形式、内容、语法、体例等逐一进行系统研究，并将之与《春秋》《汉书》及历代方志作了比较。

这"将之与"当然就是"拿来和"的意思了，可为什么要写成"将之与"呢？要用现代汉语，应该是"拿来和"；要用古代汉语，应该是"以与"；前面有"并"，那就连"以"字也不要，"并与"就行了。

第五版上有一条记内地在香港进修人员的座谈会，里边有一句：

> 我们在这里可以搭起友谊的桥樑。

查《辞海》，"樑"是房梁的"梁"的异体字，桥梁的"梁"从来不加"木"旁。

第六版上又有一个类似的问题。在记古巴女排来到北京的一条新闻里有一句是：

> 在首都机场，她向中国关心她的球迷表示，她的腿伤已痊癒。

这里边的"瘉"字是"愈"字的后起的异体字。

1955 年文化部和文改会联合发布的整理异体字的通知里说：从 1956 年 2 月 1 日起，全国出版的报纸、杂志、图书一律停止使用表中括弧内的异体字。翻印古书可作例外。这作废的异体字里边就有这个"瘉"字和前边讲的"樑"字。

第八版上有一篇讲苏州的宝带桥的特写，里边有一句：

苏州的宝带桥……建有五十三个桥孔……这在国内造桥史上还是先例。

"先例"这个词没有这样的用法。"还是先例"应该是"还没有先例"。

看了这张旧报，触动了早就在脑子里折腾的关于汉字和汉文的问题。我说"汉文"，不说"汉语"，不是说谁说话都那么美好，只是因为说话如果不记录下来，影响不大，记录下来那就是"汉文"了。

汉字有什么问题呢？早年间，就说是百儿八十年以前吧，人们在公开场合写的字有一定标准，印书印报更不能马虎。可是汉字的笔画实在太多，所以很早就有所谓俗字，也就是"手头字"。但是这些字只能在私下流通，不能用于正式文件，更不能用来印书，除了在民间流通的唱本之类。这不但对于人民大众很不方便，对于国家普及识字教育也增加困难。所以中华人民共和国成立不久，国务院就公布了一批简化字，作为正式应用的文字。这些字的繁体只用来印古书,以及供书法家挥毫。同时也把许多字的异体淘汰了。这样,汉字之中有一部分只有一种写法;有一部分有繁体和简化两种写法,以简化为正式通用的写法,繁体的写法加以限制;没有字有三种写法。人民大众也都以为这样好,遵照执行。

如此相安无事有将近十年。忽然来了个"文化大革命",大字报满天飞,什么稀奇古怪的字都出现了。连文字改革委员会这样的国家专管单位,在造反派的压力下也公布了第二批简化字,有的字简化得面目全非。虽然不久就停止试用以及最后正式报废,但是所起的消极作用已经相当广泛。现在大街小巷到处都能见到不合法的简写字。

同时,已经不作为通用字体的那些繁体字也静极思动。以香港影片的进口为契机,繁体字开始出现在银幕上,接着又出现在电视屏幕上,于是大为时行。于是大街小巷看到的汉字是繁繁简简,五光十色,有时连书刊上也不免出现混乱。《人民日报·海外版》是用繁体字排印的,可是记者、编辑以及投稿人,不见得都在文字之学(不是专门意义的"文字学")上下过工夫,抱定"多两笔比少两笔更保险"的信念,于是出现了"桥樑"和"痊癒"。

讲过汉字,再讲汉文。汉族人写文章,远的不说,从春秋战国算起,到20世纪初为止,两千几百年,基本上是一个格式,通称叫做文言。都20世纪了,还按着两千年前老祖宗的模样写,实在混不下去了,于是来了个白话文运动,作为五四运动的一个组成部分。经过三十多年的斗争,白话文终于胜利了,取得了统治的地位。可是白话文原来只是用来写写小说什么的,一旦要它主持大局,照顾全面,免不了缺这少那,只好四面八方取经。无论是词汇,是语法,都得实行"拿来主义",从外国语拿,从文言拿。文言有两千多年的历史,词汇丰富,成语、典故多,白话文在这方面取精用宏,确实得益不少。可是现在离白话文取得全面胜利已经差不多半个世纪了,小时候受过文言训练的人越来越少了。多数人对文言词语的意义和用法了解得不够,往往只是人云亦云,用错了也不知道错。像上面引的"先例"的例子,"竞相充斥"的例子,都属于这一类。还有另外一类例子,不能说是误用,只能说是滥用;不是不明词义,而是由于记得几个文言字眼,也不管妥帖与否,胡乱堆砌。下面是我早些时在一本档次不低的刊物的开卷第一面上抄下来的句子:"却使我终卷之后近一周的时间怅然若失,颇为悚然";"甚而声泪俱下,泣不成声";"绝无鲁迅先生的尖锐和犀利"。凡此种种,是不是都可以叫做历史的包袱?至于"将之与",那又是另一回事。我一直有这么一个印象,就是报纸上的纯粹新闻报道,也就是特写、小品等等以外的文字,总是不肯用"他、她、它",非用"之、其"不可;不肯用"把",非用"将"不可,如此等等。真是不懂为什么。于是就出现了"将之与……比较"、"逼其交出"、"送其回家"之类的怪物。

这是事情的一个方面。另一方面又有乱用外来词语以及独家制造、谁也不懂的名词术语问题,牵丝攀藤一连五六行谁也断不开句读的问题。这些今天都不谈，反正大家都领教过。

总之，汉字里边的乱写混用，汉文里边的食古不化、食洋不化，是当前叫人头痛的两个问题。

听说汉字和汉文将要在21世纪走出华人圈子，到广大世界去闯荡江湖，发挥威力，这真是叫人高兴可庆可贺的事情。不过我总希望在这20世纪剩下的十年之内有人把它们二位的毛病给治治好再领它们出门。这样，我们留在家里的人也放心些。

咬文嚼字

有时候,我听到有人说:"你们这些人就是会咬文嚼字。"听这话的口气,咬文嚼字是件坏事情。可是咱们既然要学习语文,就免不了要咬文嚼字。据我看,咬文嚼字有时候十分必要。

"咬文"我还不大会讲。这个"文"到底是文章的"文"呢,还是"说文解字"的那个"文"?又怎么咬它一口?"嚼字"我觉得好讲。一个字是要细细地咀嚼,嚼一嚼是什么味道。那就是说,一个字眼,用在什么地方合适,用在什么地方就不对头?在一句里头的某一处,有几个字眼供你选择的时候,选哪一个?学习语文,这个功夫少不了。

我怎么想到这个题目呢?是在春节前,我们那个单位搞联欢晚会,要我出节目。我既不会唱歌,也不会跳舞,我说,我出这么个节目吧,做几条诗谜让大家猜猜。诗谜这玩艺儿,现在有许多同志恐怕没有见过。就是用从前人的一句诗,挖掉一个字,打上一个圈,旁边写上五个字,让大家猜。举一个例。有一句诗,七个字,头上三个字,中间画个圈,后头三个字,就是"鹦鹉梦〇江上草"。打圈的地方,原来有一个字,我再给他配四个字,一共五个字:"回、留、销、残、醒"。那么这句诗,是"鹦鹉梦回江上草"呢,还是"鹦鹉梦留江上草"呢?还是……请大家猜一猜。现在我不宣布是哪一个字,学员同志们不妨去伤伤脑筋,看看到底是哪一个字。你得把上头三个字同下头三个字连起来想,当中用哪一个字最好。

从前人做诗,常常一句诗里,因为有一个字用得非常好,以后就流传下来。比如说,王安石的"两山排闼送青来",他是改了好几次,才改了这个"送"字的。又如宋祁词里边的"红杏枝头春意闹",这个"闹"字,也用得特别好,因此出了名。比如咱们到了一个地方,看到了一个场面,是说它"伟大"呢,还是说它"雄壮"?是说它"宏伟"呢,还是说它"壮丽"?这些字眼不少,那你就挑吧。咱们写文章,常常碰到这样的问题。有了上下文,要挑一个字眼,用这个字眼觉得不合适,就重换一个,换一个又换一个,这就是咬文嚼字。这是咬文嚼字的一面。

咬文嚼字还有另外一面,就是拿到一个字细细地研究一下,这个字到底是什么意思?哪些地方可以用?这样地来研究也是一个方式。说到这里,我想推荐一篇文章请大家看看。《语文学习》创刊号上有一篇《深和浅》,是朱文叔先生写的。文章不很长,研究"深"、"浅"两个字。这样的文章,对我们学习语文很有帮助。这本杂志现在不好找,是否在《语文学习讲座》上翻印一次,让学员同志欣赏欣赏,看怎么样学习词汇。"深"和"浅"是很普通的两个字,可是这里边有很多意思可以说,朱先生讲得很透彻。

　　学习词汇，最好的工具当然是字典、词典。可是现在用字典、词典的习惯好像不大普遍，有些人懒得翻字典。不过事情也有两方面：一方面，不爱翻字典的习惯并不好；另一方面，现在的字典、词典，也的确不大解决问题。我想举一个例子。有一个字眼："作用"。这个"作用"怎么解释？《辞海》里的解释是"谓由本体之力而兴作功用也"，不怎么贴切。《国语辞典》(现在改名《汉语词典》)的解释是"动作之力，谓由本体发出，能左右人与物者"，把"作用"解释成为一种"力"，比《辞海》的解释更差了。初版的《新华字典》解释为"由本体发出，能左右人或物的一种力量"，是沿用《国语辞典》的注解。把"作用"解释成"力量"是不行的，比如"起作用"能说是"起力量"吗？"化学作用"能说是"化学力量"吗？修订版的《新华字典》改成"功能，使事物发生变化的力量"，还是力量。我们语言研究所编《现代汉语词典》的时候，参考了这些字典、词典，觉得这样解释不行。"作用"有几个意思：

　　（1）当动词，意思是对事物产生影响，例如说"外界事物'作用'于我们的感觉器官，在我们的头脑中形成形象。"（2）对事物产生某种影响的活动，例如"消化作用"，就是把吃的东西消化掉，这样一种活动叫消化作用。又如"同化作用"、"发酵作用"、"光合作用"。（3）对事物所产生的影响，就是已经产生了的影响，不是活动，例如"发挥作用"、"起作用"、"副作用"、"积极作用"。（4）"作用"等于"用意"，例如"他刚才说的话是有作用的。"想到的有这四个意思，可能还有别的意思。我举这个例子，是说明有些字眼，细细琢磨，意思是复杂的，不是那么简单。假如一口咽下去，那么也很简单；如果嚼一嚼，就能嚼出一些东西来。

现在再来嚼一个字，嚼一个"垫"字。

这个"垫"字，到底是什么意思？哪些地方可以用？我先把例子都念了，然后再从这些例子中概括出它到底是什么意思。比如，这个桌子矮了，把桌子垫高些；这张桌子放得不稳，在这边垫点儿什么；补衣服在反面垫一块布再补，就结实了；养猪要垫猪圈；院子里不平，用土垫垫平；鞋大了可以垫上个鞋垫；熨衣服在上面垫块布；搁箱子，底下垫几块砖；给孩子垫一块尿布。有这么许多地方可以用垫。垫到底是什么意思，一起头觉得很简单，就是在底下垫个东西；现在一看，不但底下可以垫，上头也可以垫。作用也不一样：有的是不平叫它平，有的是不稳叫它稳，有的是叫它别受潮，有的是叫它别受伤，这样看，垫的意思很不简单，用处很大。还有，比如说，你买东西没有钱，我说，我给你垫一垫。这个垫，同桌子底下垫砖头大概有关系，但这个意思怎么转过来的，值得研究。还有，演戏的时候，正戏没开场，前面垫一出小戏也叫垫。那就不是垫在上头，垫在下面，是当中有个空当垫一垫。垫字有这么多用法，能不能归纳出一个共同的意思，还是说要分出几项，很可以研究。这是咬文嚼字的又一例。

学文杂感

写和改

　　好文章是改出来的。古今中外有名作家修改文稿的故事很多，我不想重复引述。我的看法是：下笔成文者有之，改而改坏者也有之，但都是少数。多数情形，甚至可以说是大多数情形，是改好了的。

　　不要写好就改。放它十天半个月，让它冷却，再拿起来修改。当时修改，除改正脱误外不容易有重要的修改，因为思路未变。也不要隔得太久一年半载，因为到那时，原来的想法已经忘了，会另有想法，写成另外的样子，跟原作是两回事了。

晚改不如早改

　　写好之后，反复修改，反复查对资料，非常必要。付印之后可以在校样上改，但是受版面限制，不能称心地改。到了发表之后发现错误或措辞不妥,当然还可以"勘误",可那就麻烦了,有的编者非常不愿意登勘误(家丑不可外扬?)。即使可以勘误,也不能在文句上作较大的修改。

谁流汗

　　作者不流汗就要读者流汗。作者只一人,读者千千万。为多数人的方便牺牲一个人的方便是应该的。这也是一种民主。

自学与从师

　　自学与从师其实是一回事,五十步与百步。不善学者,有人举一而自己不反三,等于没有老师。善学者没有人举一自己也能反三,自己是老师。看别人的文章就能悟出作文之道。如何开头,如何结尾,前后照应,口气软硬,何处要整齐,何处要变化,全都可以从别人的文章里学来。

　　有人要拜名师,名师是吕洞宾,他的手一指,你的文章就好了。没有这样的事。他只能指出一条路,路还是要你自己走。指路牌有的是,新华书店里的作文指导书还少吗?你怀疑这些书是否有用?我说:都有用,也都没有用。看你会不会用。主要是看好文章。不要囫囵吞枣,要细细咀嚼,自然会嚼出道理来。

给一位青年同志的信

某某同志:

　　你寄来的稿子我都已经看了。你很谦虚,说你只是一个语文爱好者,这些稿子是用业余的时间写的,谈不上什么研究,可是你既然已经拿起笔来写稿子,那就不是一般的爱好,而是打算做些研究了。你要我对你的稿子提意见,我觉得那里边涉及的问题很多,写起来不胜其烦,我的时间也不允许我这样做。不如就语文研究问题谈点原则性的意见,也许对你更有用。

　　研究一个问题,首先要了解前人的成果,要知道这个问题以前有人研究过没有,他的结论是什么,是不是他有遗留的问题需要进一步研究。如果不首先了解前人的成果,就有可能白费力气,得出来的结果没有超出前人的范围。你的"把字句的研究"就属于这种情形。所以在动手研究一个问题之前,应当先查书目和论文索引,把跟这个题目有关的文献都找来看一遍。如果这个问题确实没有人研究过,或者没有搞透,还有进一步探讨的余地,那就可以进行你自己的研究。(语言研究所编的

《中国语言学论文索引》甲、乙编,从前是内部发行,很多人不知道,现在已经公开发行,可供利用。这个索引所收论文只到1963年,有待增订。语言学书目,可惜现在还没有,这个工作需要有人做。)凡是参考过的文献,应该在文章后边列举书名和篇名。

研究一个问题,从什么地方着手?自然是从收集材料着手。收集材料要有目的,有步骤。当你决定要研究一个问题的时候,你不可能对它一点想法都没有。你一定是在这个问题上感觉到有些疑难点,那末,你收集材料一定是针对这些疑难点,决不会无目的地乱收一通。收集到一定数量的材料,就可以试做分析,得出一些初步结果。一般不会一次解决问题,往往是经过初步分析,难点更加清楚了,更加集中了,然后再有目的地继续收集材料,进行分析。这样反复几次,觉得问题基本上解决了,就可以动笔写了。有时候写着写着,还会发现原先没有注意到的问题,还需要继续补充研究。在写作过程中发现这里还有漏洞,那里又有问题,原来的想法全不对头,要另外从头做起,这样的情形也是会有的。

说到收集材料,还有一件事颇为重要。有些最能说明问题的例子,或者用法非常特别的例子,都不是能够呼之即来的。那就全靠平时留意。你会说:"我还没有想到要做这个题目,怎么会想到收集这种例子呢?"这就要知道,你既然爱好语文,打算做些研究,就必然对语文问题有一个比较全面的基本认识,脑子里装着很多问题,有很多想法,于是在平时看书看报的时候，见到那些有用的例子就会把它抄下来。再还有，讲到收集材料，一般总是只想到书面材料，其实口语材料也很要紧。平时听广播，或者跟人说话，或者听别人在旁边说话（例如在火车上或公共汽车上），也常常会遇到一些话语是好材料，得马上把它记住（如果环境允许，把它写在本子上）。

研究语文问题，有一个重要条件，就是要有极其敏锐的语感。无论是看书看报，或者听人说话（包括听自己说话），要能一眼就看出来，一耳朵就听出来，"这是我的材料"。没有这种敏感怎么办呢？不要紧，可以培养。实在培养不出来，那也只能拉倒了。

有了材料，怎样进行分析，怎样形成论点，写成文章，这就不是三言两语所能说明了。一个问题有一个问题的内容，离开具体内容，没有法子说清楚。可是有两点不妨说说。第一点是问题总是复杂的，常常应该把一个大问题分成几个小问题，一个一个处理。当然，这些小问题是互相牵连的，但是研究的时候要先把它们分开，然后加以综合。如果不这样分开，自始至终眉毛胡子一把抓，那就很难得出满意的结果。第二点是当你已经形成某种假设，要用材料来证明的时候，千万不要光看见符合你的假设的事例，看不见不符合你的假设的事例，或者把明明不符合你的假设的事例看成符合你的假设的事例。你说这是不会的？不，当一个人急于要树立自己的观点的时候，对于不利于这个观点的事例是常常会视而不见的。这种反证最好由自己发现，不要等未来的读者发现。自己既当被告又当原告，比只当被告好。

有了不符合假设的事例，不一定就推翻那个假设。往往是另外有一条可以管住那些事例，这就叫做"例外之中又有例焉"。比如我们归纳出"数词只用在量词前头，不直接用在名词前头"这样一条规律，"三楼"、"四马路"就像是例外。但是我们可以补充一条："序数意义的数词可以直接用在名词前头"，就把"三楼"、"四马路"给管住了。这样，立论就更周到了，更充实了。还有时候，虽有例外，可以解释，也就不妨害规律的成立。例如度量衡单位，如果单用（即不是大小单位连用），前边用"两"，或者用"两"用"二"都可以，没有只能用"二"的。这条规律有一个例外，只说"二两"，不说"两两"。这是可以解释的：我们不愿意连说两个"两"字，虽然词性不同。

以上说的两种毛病——把几个问题搅和在一起；不注意反面事例——你这几篇稿子里边都有实例，我也在旁边注明了。

还有一件事对于研究语文问题也很重要，就是要能够利用外国资料。有两方面的用处：一是了解国外的语言理论，供我们借鉴；二是拿外语跟汉语比较，可以启发我们注意容易被我们忽略过去的现象。比如"那"这个词，除与"这"相对外，还可以作"另外"讲，例如"今天的月亮只看见一半，我问你，那一半为什么看不见？"现有的字典、词典没有这个义项，可如果我们想到英语在这里用 other，我们就会感觉这个"那"跟单纯指远的"那"是不一样。

总而言之，写研究性文章跟文学创作不同，不能摊开稿纸搞"即兴"。（其实文学创作也要有"素养"才能有"即兴气"。）

以上谈的是内容问题，下面再简单地谈谈形式问题，就是狭义的写作问题。最近夏衍同志在《给一位青年作者的信》（见《人民日报》1979年11月5日转载《电影新作》1979年第5期）里面引用了钱昌照同志谈写文章的一首诗："文章留待别人看，晦涩冗长读亦难。简要清通四字诀，先求平易后波澜。"这四句诗基本上也适用于写学术论文。说"基本上"，意思是需要作适当的修订。一点修订是"简要"要在内容允许的条件下。有的问题本身非常复杂，尽管竭力把文章写得简要，还会有部分读者感觉读起来费劲。但是在作者这方面，还是应当想方设法求其简要。其次一点是写学术论文要平易，平易，第三个还是平易，不要搞什么"波澜"。

拿我给人家看稿子的经验说，初学写作论文的同志最容易犯的毛病有四种。第一种毛病，也是最容易引起读者反感的毛病，是摆架子。把很简单的意思铺成一大片，很多一、二、三、四，很多公式图表，给读者摆下一座八阵图，让他走进去出不来。我们不是对公式图表、一二三四一概反对，我们反对的是那些没有必要的铺排。你写文章是要人看的。你摆下八阵图，把许多读者吓退了，你就达不到你写文章的目的。有少数好奇的读者硬着头皮钻进去，居然钻到阵图的中心，一看，原来没有什么希希罕儿，只有一个类似"二加二等于四"的东西，他不骂你才怪呢！

第二种毛病是绕脖子。有时候，一个道理怎么说也不能说得一听就懂，得动动脑筋，那就不能怪作者，那是不得已。但并不是所有绕脖子的话都是不得已。举个例子，"'虽然'常用来提出事物的某一方面，这一方面所可能导致的结论与后面指出的事物相反。"这句话是不容易懂的。《现代汉语词典》里的解释就比这个好懂："'虽然'，连词，用在上半句，下半句往往有'可是、但是'等跟它呼应，表示承认甲事为事实，但乙事并不因为甲事而不成立。"有时候要避虚就实，主要依靠举例。比如下面这句话很抽象，不能一看就懂："它们之所以居于主语前而动作施事又不出现，在修辞作用上是不同于重复主语或一个主语管其后几个动词结构的句子的。例如……"这可以改成："在相继的几个动词结构构成的一个句子里，主语出现在哪里在修辞上是有分别的，例如'放下车，他赶紧直了直腰'在修辞上是不同于'他放下车，赶紧直了直腰'或'他放下车，他赶紧直了直腰'的。"

第三种毛病是把读者当作小学生，什么都从"人之初"说起。当然，如果是给青少年写文章，应该从最浅的地方说起。可是如果文章是准备用在专门性或半专门性的刊物上的，就不需要这样啰嗦。这不光是浪费篇幅，从某种意义上说，这是瞧不起读者，是要引起反感的。

第四种毛病是车轱辘话。前边说过的后头又说，颠来倒去，叫人腻烦。又如引用性质相同的若干例句，第一例详细说明，那是需要的，其余的例句完全可以"照此类推"，却一句一句重复说明。诸如此类的絮絮叨叨都是可省而不省的。

以上所说的四种毛病,在你这几篇稿子里都不同程度地存在,我没有一一指明。你只要设想你不是这些文章的作者而是它们的读者,或者设想这些文章不是你写的而是别人写的,你也不难发现这些缺点。

你的这几篇稿子不是毫无可取,只是从内容到形式都存在不少缺点。我把稿子寄还给你,希望你仔细看看。这样做有好处,知道不该怎么写,也就知道应该怎么写了。

说"达"

近来翻阅苏东坡的文集,看到他在给别人的信里谈到写文章,一再引用《论语》里的一句话:"辞达而已矣"。他说:"辞至于达,足矣,不可以有加矣"(《答王庠书》)。什么叫做"达",他对此有解释,他说:"物固有是理,患不知之。知之,患不能达之于口与手。辞者,达是而已矣"(《答俞括书》)。他又说:"夫言止于达意,即疑若不文。是大不然。求物之妙,如系风捕影。使是物了然于心者,盖千万人而不一遇也,而况能使是物了然于口与手者乎?是之谓辞达,辞至于能达,则文不可胜用矣"(《与谢民师书》)。你看他,把一个"达"字说得那么难!

按苏东坡的意思,"达"有两个方面:一是"所达",就是他所说的事物固有之"理";一是"能达",就是"辞",也可以说是这里有两个问题:要能对所要表达的事物有深入的认识,还要能够用恰当的言语把这个认识表达出来。苏东坡所说的"固有之理"或"物之妙",用现在的话来说就是事物的本相，事物的真实性。文艺理论里的"写真实"含有不回避真实的意思，涉及文艺创作的方向问题，如果撇开这一层意思，那末，写真实是适用于一切文章的写作的。

是认识事物的真实难呢，还是把这个认识说清楚写清楚难？照苏东坡的说法，"使是物了然于心者，盖千万人而不一遇也，而况能使是物了然于口与手者乎？"，似乎表达比认识更难。其实不然。"了然于心"是"了然于口与手"的前提，认识不深入，不真切，怎么能表达得好呢？即使你有本领把你的认识不折不扣地说出来或写出来，仍然免不了是粗糙的，肤浅的。写文章的人都有一个经验：写着写着写不下去了，追根究底还是由于没有想清楚，也就是对事物的真情实况没有认识清楚。比如两个形容词决定不了用哪一个，并不是这两个词本身有什么难于取舍，而是决断不下哪一个词更符合事物的真实。这是最简单的例子，比这复杂得多的问题有的是。相反的情形有没有呢？当然也有，要不怎么会有"非言可喻"，"可以意会，难以言传"，甚至"言语道断"这类话呢？然而这毕竟是少数情况，多数情况是说不清楚由于认识不清楚。总而言之，认识事物的真实的确是谈何容易。

说到"真实"，我不避拆字的嫌疑，还想把这两个字分开来讲。"真"是真情，是本质，"实"是实况，是外貌；实是真的基础，真是实的提高。真比实更重要，可是离开实也很难得到真。画像有貌似与神似之分，貌似是实，神似是真。顾恺之给人画像，最后在脸颊上给人添上三根寒毛，这个人立刻就活起来。然而要是他没有先把脸形画得差不多,光有那三根寒毛也活不起来的。超现实主义者要在实外求真,多数人接受不了。

把这个道理应用到写文章上来,写一个人不仅是要写他的音容笑貌,写他如何工作,如何娱乐,更要紧的是要写出他的内心世界。倒不一定要通过大段的"意识流"的分析,却往往在一两句话、一两件小事情上流露出来,抓住这个,一个人就写活了。古人之中,司马迁最擅长这一手,后世的史传文章连篇累牍,很少能比得上《史记》里的二三千字甚至几百个字。我们记住一些有名的小说中人物,也无一不是首先想到他的某一两件事或某一两句话。同样,写一件事情,光写出前前后后的若干情节是不够的,要能把这些情节的内在联系交代清楚。写风景,也不能光写山是如何的青,水是如何的绿,要能写出它所以能叫人流连忘返的奥妙。因而写人就需要直接间接地跟他交朋友;写事就要周咨博访,去伪存真;写景最好是住在那里一段时间,经历些个风晨雨夕,寒往暑来。一句话,得在认识上下一番功夫。光靠字斟句酌是不解决问题的。

议论文字是不是也适用这个道理呢?是不是只要持有正确的论点,或者叫做站对了正确的立场,文章的好坏全凭一支笔呢?恐怕也不能这样说。因为首先要知道这个论点是否正确,而这是要自己去辨别,不是可以请别人,不论是古人或今人,代作主张的。议论文字比别种文字更难写,不但是要对所议论的事物有足够的认识,还要对与此有关的事物有足够的认识,弄清楚这些事物相互间的错综复杂的关系,并且作出价值判断,才能决定赞成什么，反对什么。到了最后阶段，把自己得到这样一种认识的一切依据条分缕析地说给别人，使他不得不信服，这也比写别种文字更难。但是关键仍然在于取得对事物的真实即真理的认识。否则纵使你有如簧之舌，生花之笔，也只能鼓惑于一时，不能欺人于长久。不信，请看罗思鼎与梁效。

所以，写文章不仅仅是一个写的问题，这里边还有一个追求真理服从真理的问题。凡是认识不清，或者不肯、不敢认识清楚，或者不肯、不敢照所认识的去写，都是不会写出好文章来的。

翻译工作和"杂学"

要做好翻译工作，——请读者原谅我用这样的老生常谈开始这么一篇短文章，——必得对于原文有彻底的了解，同时对于运用本国语文有充分的把握（我不把学科内容算进去，因为，一，那是不成问题的先决条件，二，文学作品和一般性的论文很难规定它的学科内容）。这两个条件的比重，该是前者七而后者三，虽然按现在的一部分译品来说，似乎应该掉个过儿。我是按原则说话，所以把大份儿派给第一个条件；因为外国语毕竟是外国语，要充分把握，即令只是了解而不是写作，也谈何容易。

了解原文的第一步，不用说，是获得足够的词汇和文法知识。在原稿纸的一边放一本字典，另一边放一本文法，左顾右盼一阵之后才提起笔来写一行，——这，咱们不必去谈它，那不是翻译，那是开玩笑。

第二道关是熟语。在最近一两天之内有两位朋友来跟我斟酌译文。一位朋友拿着"...and line their pockets by falsifying election returns（伪造选举结果，借此牟利）"不知道怎么翻。一个朋友把"But for all that he was a keen observer of ..."翻做"但是为了这一切，他是一个……的敏锐的观察者"，可是跟上文的意思不合；这是因为他不知道 for all that 作 in spite of that 讲。这两个例子恰好代表熟语的两类，一类是摆出陌生的脸来的，一类是冒充老朋友的，——后者更危险，一不小心就要上它的当。不过熟语是可畏而不可畏的，只要咱们不掉以轻心，就不会不发现问题，而手头有一本较好的字典，也就不怕不能解决问题。

以上是个陪衬，我要讲的是了解原文的第三道关，就是字典不能帮忙的那些个东西，上自天文，下至地理，人情风俗，俚语方言，历史上的事件，小说里的人物，五花八门，无以名之，名之曰"杂学"。就手头的材料随便举几个例子。

先来一个简单的。Jane Austen 的 *Pride and Prejudice* 的第一章，常常选入英文读本，因之有好些初学翻译者用来小试其锋。其中有一句"Sir William and lady Lucas are determined to go, merely on that account"，往往译做"威廉爵士和路卡斯夫人……"中国读者一定会把他们当作不相干的两个人。译者要是熟悉英国贵族圈子里的称呼习惯，他一定会翻成"路卡斯爵士夫妇……"。

再来一个比较曲折点儿的。有一位朋友翻译拉斯基的一篇文章，里面有这么一段：

I think it is a reasonable criticism of a good deal of academic work in politics that because the writer has not seen things from the inside, he tends to mistake the formal appearance for the living reality... The captaincy in the Hampshire grenadiers was not entirely useless to the historian of Roman empire; long years in the service of Shaftsbury were vital to the thought of Locke; and the election campaigns for the London County Council taught Graham Wallace a good deal he could not have learned in books about human nature in politics.

第二句他的译文是"在 H. 郡的掷弹兵里当上尉，对于罗马史家不是完全无用；在 Shaftsbury 城服务多年，对于洛克的思想极为重要；伦敦市议会的竞选教给格拉罕·瓦勒斯许多东西，是他在论政治中的人性的书本上所不能得到的"。这位朋友跟我说，这里的第二第三分句他相信没有什么问题，就是第一分句里，他不懂当掷弹兵上尉为什么对罗马史家有用。他不知道这里的"罗马史家"不是泛指，是指的《罗马帝国衰亡史》的作者吉朋，吉朋曾经在 1759—1763 年在 H. 郡民团里当过上尉。他所谓没有问题的第二第三分句也不是全无问题。Shaftsbury 在这里不是地名，是人名，指的是 Shaftsbury 伯爵，是查理二世时代的权臣，洛克曾当过他的医官，并由他的力量做过好几任官，一直在他门下十几年。Graham Wallace 曾经写过一本书，就叫《政治中的人性》，1908年出版。

再举一个比较别致点儿的例子。Rebecca West有一篇论邱吉尔的短文；因为短，我曾经用来做翻译班上的练习材料。里面有一句："... going vegetarian and repeating 'Om mani padme hum' a hundred times between each bite of lettuce."班上的同学没有一位能把这"Om mani padme hum"翻对的，这不能怪他们。他们问我怎么翻，我问他们看过《济公传》这部旧小说没有？有同学看过这部小说，想出来这是所谓"六字真言"，可是不知道怎么写。我让他查《辞海》，他找出来"唵嘛呢叭咪吽"的写法。这可以用来表明，翻译工作者所需要的"杂学"杂到什么程度。

也许有人说，只有资本主义社会里的作家们才会这样别别扭扭地写文章。不，为了使文章里的用语具体而生动，社会主义社会里的作家同样也应用这种手法，例如爱伦堡。他在巴黎和平大会上的演说已经选在新华书店的《大学国文》里，单在这一篇文章里就有几十处非注解不能明了。至于马克思著作里"用事"之多，更是一向有名，无庸赘述。

翻译工作者的第一个任务是了解原文，第二步就得把他所了解的传达给读者。有些疑难之点，只要弄明白了，译了出来，就不再需要什么，例如上面所引Sir William and Lucas之例，in the service of Shaftsbury之例，Om mani padme hum之例。像human nature in politics之例，就最好得加个注；至于the historian of Roman Empire，就更非注不可了。（有人主张，遇到这种场合，干脆把它译做吉朋，这就破坏了原作者的风格，似乎不是最妥当的办法。)

所以,必要的注释应该包括在翻译工作之内。鲁迅先生译书就常常加注,也常常为了一个注子费许多时间去查书。当然,注释必须正确,否则宁可阙疑。比如今年十月十二日《人民日报》的保卫世界和平专刊里刊载的爱伦堡所作《和平拥护者》那篇文章的头一段有这么一句:"那时候,美国的和亲美的报纸上所谈论的是杜鲁门先生的人道主义,原子弹的诗句,封腾布罗的马刺声……"篇后附注:"封腾布罗是法国东南部的一个城市,以古典建筑和森林著名。当地有兵工学校一所。"这就有问题了。封腾布罗城在巴黎东南,以法国全境而论,还应该算是北部,这且不去说它;兵工学校跟马刺声如何连到一块呢?法国的军事学校多得很,为什么单单提出这一个来说呢?原来爱伦堡的心目中的封腾布罗,不是指那个才有一万多居民的小城,而是指那有四百多年历史的有名的离宫,拿破仑在这里签字退位,现在是那有名无实的"西欧联盟"的联军总部所在。(那马刺声该是那"联军统帅"蒙哥马利的马靴上的吧?)

讲到注释,连荷马也有打盹的时候,鲁迅先生译的《死魂灵》(文化生活社版)的243页上说到"邮政局长较倾向于哲学,很用功的读雍格的'夜'……"鲁迅注作:Young(1826—1884)德国伤感派诗人。这儿显然有问题,因为《死魂灵》作于1835—1841年间,1826年出生的诗人这个时候才不过九岁到十五岁。我猜想是指英国诗人 Edward Young(1683—1765),他的有名的一万多行的长诗 Night Thoughts 作于1742—1745年,在浪漫主义运动时代是的确曾经传诵各国的。

一般人总觉得创作难翻译易,只有搞过翻译的人才知道翻译也不容易。创作可以"写你所熟悉的",翻译就不能完全由自己作主了。即使以全篇而论可以算是"熟悉"了,其中还是难免有或大或小或多或少的问题,非把它解决不能完成你的任务。而其中最费事的就是这里所说"杂学"这方面的东西。要解决这些问题,当然得多查书和多问人。希望好几位同志在本刊上提议的计划能够实现,在各地建立起翻译工作者的组织,置备够用的参考书,这就可以彼此咨询,共同研讨。但是最重要的还是每人自己竭力提高自己的素养,有空闲就做点杂览的工夫,日积月累,自然会有点作用。

(原载《翻译通报》2卷1期,1951)

这篇文章发表后,承王岷源同志赐教;(1)Om mani padme hum 在商务印书馆出版的《综合英汉大辞典》里查得着;(2)拉斯基文章的最后一段"the election campaigns..."里面的 about human nature in politics 是 a great deal 的定语,不是 books 的定语,译文中的错误我没有指出。又承王永明同志告知:拉斯基文章里关于吉朋的那句话是引用吉朋自己在他的《自传》里的原话。于此一并致谢。

1982年2月补记

由"rose"译为"玫瑰"引起的感想

1984年9月16日的《北京晚报》上有一篇题目叫做《玫瑰、月季与蔷薇》的"知识小品",节录如下:"玫瑰、月季与蔷薇在国外统称rose。可是长期以来,我们不少同志只要一遇到rose,就统统译成玫瑰了。……[这]是很不科学的,甚至常常会闹笑话。其实,玫瑰、月季、蔷薇在植物分类学上是属于绝然不同的三个种。三者的主要区别在于枝条的长短,皮刺的多少和叶脉的平凹三个方面。枝长且呈攀援状者为蔷薇,刺密而叶脉凹陷者(叶面发皱)为玫瑰,月季枝直立,刺少,叶脉不凹陷,不发皱。因而只要认真观其形,是不难把它们区分开来的。"

说得好。"只要认真观其形,是不难把它们区分开来的"——且慢,要是原作者没有附上一幅插图,又怎么"观其形"呢?如果翻译一本小说,里边说在病床旁边的茶几上放着一个花瓶,插着一簇roses,作者没有描写皮刺多少、叶脉平凹,也没有交代原来的枝条长短,光有r, o, s, e四个字母拼成的一个

rose，翻译的人该怎么办呢？再说，即使有插图，也未必能画出刺多或是刺少，叶脉是否凹陷，依然无从判断是玫瑰还是月季，还是蔷薇。就是把上引"知识小品"的作者请来，他也未必有什么高招。"不科学"也就只能"不科学"了！

这说明什么问题呢？说明所有翻译工作者的一个共同经验："我不是不知道啊，我是没办法啊！"再从翻译英文里举一个例子。如果你翻译一本小说，遇到主人公有一位 cousin，你把它译做"表弟"，后来发现他是女性（代词用 she），就改做"表妹"，后来又发现她年纪比主人公大，又改做"表姐"，再翻下去又发现原来她还比主人公长一辈，又改做"远房姨妈"，再到后头又发现她不是主人公母亲一边的亲戚而是他父亲一边的，又只好改做"远房姑妈"。其实这也靠不住，她也有可能是主人公的"远房婶娘"。要是这位 cousin 在书里只是昙花一现，神龙见首不见尾，父系母系、年长年幼、辈分性别，全然不知道，只知道他是主人公的 cousin，你把他翻成什么好呢？伍光建老先生（如果我没记错）创造了一个名词叫做"表亲"可以勉强对付一气，管住了四分之三：母系的全部，父系的一半。可是再一想，既然辈分、性别等等全都不知道，那就翻成"表姐"或"表弟"也都不能算错，正如把形状不详的 rose 翻做"玫瑰"一样。

说到人们的称呼，又想起一件事。多年以前我翻过 A. A. Milne 的一个独幕剧 The Boy Comes Home，那里边有一处，叔叔跟侄子说话，火儿了，拍着桌子说："And perhaps I'd better tell you, sir, once and for all, that I don't propose to allow rudeness from an impertinent young puppy."一面骂他"小狗",一面又管他叫sir,这个sir该怎么翻呢?想了半天,把它翻成"少爷"。英国人嘴里的sir,既可以用来表示恭敬、客气,又可以表示愤怒、讥讽,汉语里找不出一个单一的翻法。很多地方可以翻成"老爷",有的地方只能翻做"您哪"。有的地方只能不翻,例如很多"yes,sir,"只能翻做"是"或者"喳"。像Samuel Johnson那样对生人熟人,高兴不高兴,都是一会儿一个sir(这是18世纪一般习惯),那就只好翻做"老兄"。恐怕只有很少的地方可以翻做"先生",像有些词典里的译法。

不同的语言使用于不同的社群。不同的社群对于万事万物的分别部居各有自己的一套,相互之间有同有异,这一切都反映在他们的语言里。翻译工作者的任务就是随机应变,想办法把这些同同异异逐一配上对,说得难听点儿就是"穷对付",翻译得较好无非是对付得较好而已。要求翻译工作者翻译一切文章都像翻译化学元素一样,把hydrogsen翻成"氢",把oxygen翻成"氧",那是一种不切实际,也可以说是违背常识的苛求。

中国人学英语
——原理和方法

英语不是汉语

【客】承您允许我来领教关于学习英语的事情,非常感激。

【主】学习英语,多半还是要靠自己努力,我至多不过能贡献一点学习的经验罢了。

【客】不知道您打算怎么指导指导?

【主】我想咱们今天先谈谈一般的原则和方法,以后再就语音,拼法,词形变化,句式等等每次拣一个项目来讨论讨论。请您先把现在感觉的困难具体地说一说,怎么样?

【客】第一,关于语音,(a)我知道我的发音不正确;(b)遇见生词不知道怎么读,往往查了词典还是读不出,因为不懂那些注音的符号。第二,语法太不熟。我学着写些句子,不但人家看了常常说是不合语法,有时候连自己也觉得这里头有毛病,可是又说不出毛病在哪儿。第三,最感困难的是生词:(a)我对于词的拼法没有把握;(b)生词的意义容易忘记,往往有一个词查过三四次词典还记不住；（c）应用读过的生词造句，拿去请教内行，十回倒有九回说是用得不对。因此，读书的时候固然感觉肚子里头的词太少，要想学着写两句更是缩手缩脚，动辄得咎。

【主】让您这么一说，说句不怕您生气的话，竟可以说是浑身是病了——可是平心而论，这种情形又岂但您一个，很多人都有过这种经验。这个情形有一半是学习过程中应有的现象，还有一半是因为学习的方法有点儿错误。这种错误，要用一句话来包括，那就是对于一个基本原理认识不清，这个原理是英语不是汉语。说出来原是平淡之极的一句老生常谈，可是毛病就出在忽略这句老生常谈上。

【客】这个话我就有点不懂了。我就算是笨，也不至于连英语不是汉语都不知道哇。

【主】知道是一件事，实行又是一件事。您学习的时候，还是不知不觉地把英语当作和汉语差不多的东西看待，不知不觉地在那儿比附。

【客】难道学英语是不该拿汉语来比较的吗？

【主】您这个话稍微有点儿误会，比较是比较，比附是比附。要按主张纯粹直接教学法的人们的说法，简直不必比较。可是我们的意思，不但是不妨比较，有时候还不可不比较。比较是要注意英语和汉语不同之处，让学习者在这些地方特别小心，这是极应该的。而且，英语在咱们是外国语，汉语是咱们的本族语，要是我们不帮着学习者去比较，他自己（除非有特殊的学习环境）会无意之中在那儿比较，而只见其同不见其异，那就是我刚才所说的"比附"了。

【客】比较和比附的分别，我倒是懂了，只是怎么叫做毛病出在比附上头，还是不大了然，还得请您给说说明白。

【主】当然，我要逐一说明。拿语音来说，英语里头的音有许多是汉语里头没有的，或是大同而小异的。咱们最容易犯的毛病，是不去认真辨别英语里头的音，拿汉语里头近似的音去替代。例如汉语里头没有英语的 [ai] 音，就拿相近的"爱"去代替，把 like 读成"赖克"。这无非是避难就易，借用物理学上的话，就叫做"走最小抵抗的路线"。

拿语法来说，也是一样。例如本该说 I went to town *with Mother* 的，因为汉语的说法是"我和妈妈进城去"，一比附就成了 I *with Mother* went to town 了。又如英语的完成式是不能和表过去时日的词语同用的，但是中国学生往往有 I have spoken to him yesterday 之类的句子，您想是什么缘故？

【客】大概是因为汉语有"我昨天和他谈过了"的说法吧？

【主】对了。至于用词的不妥，更是因为有这种比附作用。通常有一种误解，以为两种语文的不同，只是词音不同，以词义而论是可以一个抵一个的，如 man=人，student=学生。这个误解最害事。除了学术方面的专门术语大致相等外（连这里头也有例外），其余的词没有涵义完全相同的。就拿刚才这两个词来说，man 除作"人"讲外，在 man and woman 里头是"男子"，man and wife 里头是"丈夫"，his man Friday 里头是"仆人"，be a man 里头是"好汉",infantryman 是"步兵",merchantman 是"商船"。Student 多当"学生"讲,不错;但是 a student of Shakespeare 只能说是"研究莎士比亚的人",决不是"莎士比亚的学生"。"这个学校的学生"是 a student of this school,但"他的学生"是 his pupil。"大学生"是 a university student,但"小学生"或"中学生"通常只是 a schoolboy。这种浅近的词尚且如此,比这个深奥的可想而知;名词尚且如此,动词,形容词,介词等更可想而知。

所以,学习英语非彻底觉悟把它当作和汉语不同的新的东西来学习不可。

习惯成自然

【客】您这个话透彻极了。我承认过去学英语确是犯了认识不清的毛病,从此以后要竭力矫正。不知道这样是不是就可学好?

【主】认识不清自然永远学不好,可是认识清楚未必就能学好。因为还有第二个原理非知道不可:语文的使用是一种习惯。学英语就是养成使用英语的习惯。习惯是经过多次反复而后成功的,所以要多多练习。光是知道乒乓球该怎么打没有用,要天天拿起球拍来打才会打;光是知道游泳该怎么游没有用,要天天跳下水去游。

【客】请问要怎么样练习才可以熟练呢?

【主】前人有"读书三到"之说,咱们可以说学英语该有

"四到"的功夫，就是：耳到，眼到，口到，手到。

耳到

【客】耳到自然是指多听了，可是咱们自修的人有什么听的机会呢？

【主】耳到有两层，一是要听得清楚，二是要多听。在学校里头，好教师一定多说英语，让学生有听的机会。自修的人自然得不到这种方便，但是也不是绝对没办法。最方便的是听无线电广播。现在各地人民广播电台每天都有业余英语广播讲座，可以按时收听。

此外，外文书店出售的英语教学的留声机片也很有用，可以随时放来听，不像广播受时间的限制。

眼到

【客】您提出来的第二到，眼到，想来该是指看书了？

【主】一点也不错。眼到是要看得仔细，也要看得多，看得广。凡是初学看书的人特别要看得仔细，一个词不可轻轻放过，每个词的音和义都要弄清楚。很多学生有一个通病，只查生词的意义，不注意它的读音，结果看是看懂了，读是读不出，岂不是只学了一半？还有一个通病：不在一个词的许多意义里头选择，看此处究竟怎样讲最妥贴，随便抓住两个汉字就算数，那也是不对的。不但这样,这里何以用这个词而不用我念过的另一个意义相同的词,也得追究。是不是因为词性不同?还是两个词的意义有细微的区别?还是修辞上的色彩不同:例如一个是口头语,一个有书卷气;或是这一个是市井俗语;或是那一个是某地方言?

一个不是一望而知的句子也不可轻轻放过。这里头也许有熟语或熟语性的构造在内。有时虽没有特殊费解的词语,可是因为句子太长,意思太复杂,也会一下子看不明白,那就得耐下心来多看两遍,把句子分析分析。"读书不求甚解"这个话,初学的人决不能引为借口。

书要看得多,这个道理不必多说。"一回生,二回熟","熟能生巧",这两句俗话就足够说明。还是上面说过的那句话:语文的使用是一种习惯,习惯是要多次反复才能养成的。

看得多还要看得广。咱们看的对象不但是书本,报纸、传单、广告、仿单,无一不是咱们的读物。这样才可以获得丰富的现代的词汇。早年学校里用的英语教材大多偏在"文章"一方面,对于日用方面的词语反而疏忽了。近年编的教科书把这个倾向矫正了不少,是很值得称道的。可是咱们还得放一只眼睛在书本之外。

【客】关于看书我还有一个问题要请教,就是如何才是深浅合宜的读物呢?

【主】您这一问问得很对。学外国语最要循序渐进,不可"躐等"。看不懂的书硬要看,囫囵吞枣,毫无益处。不但没有益处，并且败坏阅读的兴趣，从此以后能读该读的书也不想读了。拿我自己的一个小小的经验做例，我在旧制中学二年级的时候，有一个同学送了我一本商务版的《威克斐牧师传》，我仗着后面有汉语注释，就打算读起来。谁知有很多词语没有加注，有些词语虽然有注，看了还是不甚了了。一页书看上一两点钟，自以为看懂了，但是兴趣索然。如此看过三天之后，叹口气把这本书放进箱子里去。从此以后，有一年光景，除课本外不看别的书。

大概说起来，十分里头有一二分新材料的是最合式的读物。这所谓新材料包括熟词的新用法和旧句式的新变化等等。要是绝对生疏的单词，以一页（约300个词）里头五个到七个为最相宜，超过这个限度，读起来就太费事，就要减少阅读的兴趣。

【客】要是我找到了合式的读物，每天看多少最适宜呢？

【主】这要看您的时间和您的需要迫切与否而定。拿普通的情形来说，一天读一点钟，不算太多也不太少。至于页数，以一点钟能读两遍（第二遍当然快些）做标准，大概也不过三五页吧。

初读一本书，切忌"贪多"，贪多虽然和躐等性质不同，结果是一样的：不消化。第一天的生词不能变成熟词，第二天的生词就加多了，这样累积起来，必有读不下去的一天。

长久下去，又切忌"无恒"。不要因为您的朋友说他读的书有趣，就放下您自己的去读他的，也不要因为天天读一本书就发腻,搁下一天就会搁下两天,结果就会束之高阁。"见异思迁"和"一曝十寒"都是不会有好结果的。本来一切学问都是如此,不但是学习外国语,可是因为外国语最是难学易忘,最容易犯"无恒"的毛病,所以我才特别提出来请您注意。

说起这件事,我也有一个经验可以供您参考。我在中学最后的一学期,读了一本《鲁滨逊飘流记》,这一回是成功的。一开头我不敢贪多,自己规定每天读一点钟,不管读多读少。我记得最初一点钟只读两页,到末后居然能读七八页,因为许多生词都变成熟词了。

关于眼到的话说的太多了,咱们要换个题目谈谈口到了。

口到

【客】所谓口到是不是指说话?

【主】指说话也指念书。自修的人极不容易有练习说话的机会。勉强想个办法,或者可以约一两个同志每天练习十分钟。这当然不是理想的办法,因为大家的发音和语法都不可靠,只能练习说,不能同时得到听的益处。但是这也不妨,有时候可以彼此提补提补,纠正纠正。有时候连自己也会知道说错呢。多练习就可以把这个毛病改了的。总之,不要怕说错。越怕越不肯说,越不肯说越怕,这是互为因果的。

可是我所说的口到不但指说话,也包括念书——就是所谓朗读——在内。朗读的用处,第一,可以帮助咱们的了解。一句话的语气,神情,必须朗读才能领略。甚至看两遍看不懂的句子,念两遍会忽然明白了。

但是朗读的最大的用处在帮助咱们记忆。通常一段文字,要是念五遍能背,恐怕看十遍还是不成,这是什么缘故,心理学上有解释,咱们此刻不必深究。

【客】书要念才能熟,我非常相信。古书上常说有人能"过目成诵",我想那是骗人的话。我自己是记性最坏的一个,一小段书常常会念了十遍还是背不出,您可有什么好方法传授传授?

【主】"过目成诵"的人不是没有,只是普通人办不到。至于有人念三五遍就熟,有人念十遍八遍还不熟,那主要是念的得法不得法。念书要熟,必须能一面设身处地地想。嘴里念到 kick 这个词,不妨提起脚来踢一下;念到 catch 这个词,不妨伸出手来抓一把。读《卖火柴的女儿》的时候,您不妨设想自己就是那瑟缩街头的苦孩子;读"丑小鸭"的时候,您也该想像自己就是那蹒跚学步的丑东西。这种读法,用英语说,就叫做 read dramatically。能这样读书,自然容易读熟。这种戏剧化的读书法,本是人人都有的天然趋势,因为咱们学习本族语的时候,声音和笑貌本是分不开的。学外国语,尤其是在主要从书本上学的时候,尤其是在习惯于"先读字音,后讲字义"的汉字教学法的中国学生,就难免会养成相反的习惯;眼前过去一串字,嘴里跟着发一串音,心里却是寂然不动——假如您问他这些话是什么意思,他就得打头上重看一遍。这样念书,别说不容易念熟,就让念熟了,跟和尚念经道士念咒有何分别?

咱们务必要革除这种念咒式读书法，采取戏剧式的念书法。

【客】您的意思是不是本本书都要高声朗诵地把它念熟呢？

【主】这又不然。朗读固然重要，默读的功夫也不可省。第一，默读比朗读快，为训练咱们的阅读的速率，非练习默读不可。第二，默读不妨害别人。还有，咱们的时间有限，不能不在读物里头分别分别，挑选一部分读熟，其余只拿来做默读的材料。大概说起来，初学宜于多作朗读的功夫，以后逐渐增加默读的比例。

手到

【客】手到自然是指写作了。我正想请教您，如何才能把英文写通？

【主】手到的意义很广，不一定专指写作。翻查词典是手到，抄写生词熟语也是手到……

【客】请恕我打岔。曾经有一位朋友跟我说过，能看懂句子的意思，生词不妨跳过，不必多查词典，免得妨害读书的兴趣。又说抄录生词没有用处，反而害事。您的意思怎么样？

【主】这是个很微妙的问题。不查生词也可以看懂书里的意思，这是大家都有的经验。咱们读中文的小说，查过生字没有？然而谁也不敢说这里头没有他不认得的字。学外国语到了相当的程度，也可以这么办。可是初学的人不能拿这个做借口，因为实际上初级读物里头几乎没有一个词不和文义有关，要是跳过不去理会，全句的意思一定模糊。再说，咱们在学习时期所做的阅读功夫，一方面是"温故"，一方面是"知新"，若不随时拾取新词新语，如何能知新呢？

至于抄录生词，那位朋友所说反而害事的话，大概是指一种坏习惯：把生词往本子上一抄就仿佛交代给本子了，脑子里头就不留印象。这当然是无益有害的事情。我们只要自己警戒着就是了。生词本还是有它的用处：读第二遍的时候，难免有记不真切的词语，翻翻生词本比翻词典省事。可是有一点得记住，生词本上不能光记意义，要把词类以及用法特别之点也记上，读音要是不合常例，也要记上。

【客】请您继续说手到的功夫。

【主】有一项手到的工作，一般人不大做——就是抄书。初学的人多抄书，一方面可以练习写字，一方面又可以帮助读熟，抄一遍至少可以抵念两遍。尤其是记忆词的拼法和标点的格式，多念不如多写。

跟抄书相类似的还有一种练习——听写，就是 dictation。听写同时练习听得准和写得快，是很有用的训练。不过这种练习一个人办不了。要是有同志，就可以替换着一个读一个写。

这就要谈到写作了。您问我如何把英语写通，我可以说：光靠写是没有法子写通的。要多读，多吸收词语和句法。可是光是读也不够，还得练习写。可是说到写，自修者的困难又来了——写得错不错，好不好，谁来评判呢？这确是很为难的。也许您有老师或亲友，不一定要在本地的，在外地的也可以寄去让他评阅。这样看起来，又比找人练习谈话要容易些。

【客】请问学着翻译有什么益处没有？

【主】学着英译汉，对于了解英语有帮助，因为咱们读书的时候，无论怎样仔细，都不免有了解不彻底的地方。一动手翻译，这就上了天平架，非把它的义蕴一分一毫都称出来不可了。可是对于写英文没有什么帮助。至于汉译英，除了有些教本上预备好的练习以外，自己最好不要轻于尝试，因为很容易助长写"中国式英语"的倾向。

语法

【客】还有两个小问题要求您指教。一个是语法的问题。是不是应该熟读一本语法书？

【主】语法书是要有一本的，读也是该读一读的，可是熟读则大可不必。只要知道一个大概，有疑难处再去翻检翻检就很好。与其多读语法书，不如多读文章。您暂时且努力阅读，语法方面有特别应该注意的地方，以后咱们见面的时候自然要讨论的。

不过您既提到语法，我想告诉您一句话。语法的知识该随时随地从读物里获得；而且只要获得语法的事实，不必斤斤于那些语法名目。至于那系统的语法书，那是"九转丹成"的最后一转。在您已经学习到了相当程度以后，读一本好语法书，仿佛作一鸟瞰，或是清点一次仓库，倒是能收融会贯通之效，有左右逢源之乐。过早地去"啃"系统语法，照我看是利少而弊多。

您说有两个问题，不知道那一个是什么？

词典

【客】是关于词汇的问题。我有一位朋友，他因为感觉词汇为一切的根本，发了个狠，拿词典来排头读下去，您说这个有用没有用，值得不值得试一试？

【主】这个问题很容易解答。您只要静候些时候，看您的朋友有没有效果就知道了。先说词汇的大小。咱们肚子里的词固然要求其多，更要紧的是求其熟。在学习的初期，精熟比丰富更要紧。词虽认得多，如果都是依稀仿佛的认识，有什么用处？

而且即使要扩大您的词汇，读词典也无济于事的。词语要嵌在上下文里头才有生命，才容易记住，才知道用法。所以如果要扩大词汇，最好的方法还是多读书。词典是供人查的，不是让人读的。说到这里，我还忘了问您，您现在用的是什么样的词典？

【客】我用的是一本普通的英汉词典。

【主】用英汉词典也可以。不过我希望您在不久的将来能学会使用原文的词典。并不是说，原文词典准比英汉词典强，不过解释词义的时候，英汉词典是用对译的原则，往往不及原文释义的精密，所以手头应该有一本编得较好的原文词典。

【客】是不是有了英语解释的词典，就可以不用英汉词典了呢？

【主】那又不然，英汉词典还是要有一本的。这种词典于初学有方便处，熟语和例句都有汉语对照；再则关于鸟兽草木之名以及各科术语，也非查英汉词典不知道汉语的名称。所以两种词典都要备。

还有一点应该提醒您一下。一本较好的词典对一个词的说明一般包括：（1）语源；（2）语音；（3）词类；（4）意义，以及用法（如需要哪一个介词之类）；（5）这个词或这个意义的身分（雅，俗，废等等）；（6）含有这个词的熟语；（7）由这个词转变以及和这个词同源的词。粗心的读者常常只查一下意义，不理会其他项目，这就是没有充分发挥词典的作用，是对于学习不利的。

论学忆往

读书忆旧

有人说，写文章，小题可以大做，大题也可以小做。读书是个大题目，我就按照大题小做的办法，写点琐琐碎碎的回忆吧。我是从初小四年级开始看小说的，启蒙的是《镜花缘》。这个书的前半部对于十岁的孩子是有很大的吸引力的：君子国、大人国、无肠国、黑齿国、两面国、女儿国，没有哪个故事不新鲜。当然，那时候是完全不了解这些故事的讽刺意义的，只是觉得有趣而已。我发现这部书是寄住在一个亲戚人家的时候，我记得当我看到林之洋等在淑士国酒楼上听酒客转文，"吾兄既已饮矣，岂可言乎？你若言者，累及我也。我甚怕哉，故尔恳焉，"不知不觉高声念下去，"饮既类之，增应同之。向你讨之，必我讨之。你既增之，我安免之？苟亦增之，岂非累之？既要累之，你替与之。你不与之，他安肯之？既不肯之，必寻找之。我纵辩之，他岂听之？他不听之，势必闹之。倘闹急之，我惟跑之。跑之跑之，看你怎么了之？"我这么一念，把在旁边做针线活的老太太也逗乐了，尽管她并没有完全听懂。《镜花缘》

的后半部，作者卖弄他的百科知识，小学生看不懂也就不看了。

不久之后，我进了高等小学，看小说的机会就多了。同学中间互通有无，交换着看。四本头的三五天一部，大部头的十天半个月一部，三年里边看了不下百儿八十种，连名字都记不清了。大致有这么几类。一类是历史演义：《三国演义》、《东周列国志》、《说唐》、《隋唐演义》、《岳传》等等。一类是武侠小说：《七侠五义》、《七剑十三侠》、《施公案》、《彭公案》等等。一类是神怪小说：《西游记》、《封神榜》、《济公传》等等（《济公传》兼有武侠小说性质）。还有一类是才子佳人小说，包括弹词：《粉妆楼》、《二度梅》、《天雨花》、《再生缘》等等。刚才我说是同学之间互通有无，事实上我总是借别人的，我没有可以借给人的，因为我家里没有这些书。我父亲是做买卖的，他不看这些书。我在家里只找到两种：一部缺头少尾的《红楼梦》，两本商务印书馆印的《旧小说》，这是一部从汉魏六朝到元明清的选本，一共多少本记不清了，我家里只有唐代的两本。《红楼梦》是从第九回开始的，看起来没头没脑，翻到后面也是一回儿说这，一回儿说那，不合小学生的口味，也就看不下去了。《旧小说》虽然选的都是唐人的名篇，无奈文字超出我当时的水平，似懂非懂，只能挑着看看。回忆起来，当时留有印象的只有《红线》、《聂隐娘》等侠客故事，另外有一篇《板桥三娘子》，不懂为什么印象很深，一直到多年后读《奥德赛》的时候还忽然想起它来。

回忆这段时间，谈几点感想——似乎写文章总得有点感想啊！——第一，那些书全是写给大人看的，没有专门为少年、儿童写的文艺读物，更没有传播各科知识的科普读物。只有到了今天，我们这些世纪初出生的才深深感觉到我们幼年的不幸，羡慕今天的少年、儿童的幸运。可有时候也听到有些孩子们的反映，说是某书某书缺少故事性，他们不爱看，或者说是里边的语言太婆婆妈妈的，老像对幼儿园里的孩子说话（按我的印象，七八岁的孩子就愿意你把他当大人看待）。看来我们的少儿文学也还有改进和提高的需要。

其次是教师的态度。那时候的教师是禁止学生看"闲书"的，至少是大多数教师是这样。我们学校的校长特别严厉，让他看见了就要被没收（后来又被他儿子，也是我们的同学，偷出来还给书的主人）。现在的小学老师大概不会无分别地禁止看小说了，但是加以指导，还是放任不管呢？恐怕还是放任不管的多。可是实在有加以指导的必要。就拿那些旧小说来说吧，一般认为文艺评价不高的，其中也不无可取的片段。例如《七侠五义》里边写智化挖河，写白玉堂暗中保护颜生进京，一路逗弄雨墨，都是非常生动有趣的。又如《儿女英雄传》这部书，思想是够糟的，但是语言生动，有些市井面貌的描写也是很能传神的，例如安学海逛天齐庙那一段就叫人很难忘记。那些文艺评价很高的作品，里边也有糟粕。比如《水浒传》里武松血溅鸳鸯楼，不分青红皂白，见人就杀；张青、孙二娘开黑店卖人肉馒头，等等，在少年读者的心灵上留下的创伤是很深的。这些事情，如果有教师跟学生谈谈说说，比让他们去瞎碰瞎撞要好得多。

我们看那些旧小说，看得很快，是生吞活剥地看的，看不懂的地方就跳过去，不认识的字更是无所谓。可是久而久之，连猜带蒙也认识了不少国文课本里没见过的字。由此可见，通过大量阅读认识汉字还是行之有效的。旧小说里的词汇，尽管是白话，也是很多已经超出口语的范围，尚且可以无师自通，现代作品联系着当代的活语言，就更不成问题了。

我们看的小说几乎全是有光纸、石印、小字，是败坏儿童视力的罪魁祸首。我还记得第一次看到商务印书馆印的孙毓修编的《童话》第一集时候的喜悦，不但是字大悦目，纸张洁白，还有插图。内容也很吸引人，像《无猫国》、《大拇指》、《木马兵》、《十年归》这些世界闻名的故事，我都是在这一套童话书里第一次接触到的。可惜那个时候我已经是高小快毕业的少年，这些童话虽然有趣，已经不能完全满足我的阅读的欲望了。我们现在的少儿读物的纸张和印刷装帧，一般说还可以，但照我的记忆，似乎有的还赶不上商务印书馆那套童话。尤其是孩子们特别爱看的"小人书"，好的固然也有，但画得不好，文字粗糙，纸张印刷都很糟的还是很多。我要为孩子们向我们的出版界呼吁，把"小人书"的质量再提高一步。

感想完了，就此结束。

北京图书馆忆旧

我第一次走进北京图书馆是在 1925 年，那时候，馆址还在方家胡同，名称是京师图书馆。那一年，我以东南大学学生的身份在北京大学借读。我有一位同乡何迈尘先生在京师图书馆工作，就住在馆里。他常来找我，也带我到他那儿去。这就给了我参观京师图书馆的机会。图书馆的房子是旧式平房，藏书不少，也很有些好书，可惜我当时念的是洋书，对中国古书既不很内行，也不太感兴趣，没有很好利用这个机会。

这位何先生在馆多年，跟我说过好些故事，现在还记得的有两件事。一件事是他说有一位国会议员叫陈垣的差不多天天来图书馆看书，馆里的藏书他几乎都翻过。这是我第一次听到援庵先生的名字和有关他的事迹。另一件事，是有一天馆里丢了一部宋版陶渊明集，窃贼是冒北大学生某君的名字，利用图书馆借书还书手续中的一个什么漏洞把它弄走的。后来天津一家旧书店捎来一个口信，说是书在天津，赶快拿多少块钱去赎，如果惊动警察局，书就出洋了。结果还是讲价赎回来的。

北京图书馆是京师图书馆和北海图书馆合并而成，北海图书馆是用美国退还的庚子赔款的钱修建的，就在现在的馆址，开放的时间好像是 1926 年。如果我没记错的话，"北海图书馆"五个字是梁任公写的。北海图书馆正式开放，我已经回南去了，赶我 1931 年第二次来北京，已经改名北平图书馆。那时候的馆长是蔡元培，副馆长袁同礼，他们很延揽了些学者在馆中任职，向达、贺昌群、赵万里、王重民、孙楷第、谢国桢都曾先后在馆里工作过。他们替北京图书馆采访有价值的图书，也做些研究工作，写文章在馆刊上发表。我因为认识其中的几位，所以也有机会参观里边的藏书，赵万里引我看他掌管的善本书室，王庸引我看馆藏的旧地图，真是长见识。这些位学者之中，除孙、谢二位之外都已作古人，想起来恍如隔世。

那时候到北京图书馆来看书的人不像现在这么拥挤，阅览室里空位很多。主楼后边有一个不大的食堂，供应工作人员的午餐，也接待一部分读者。这样，看书的人就不需要花很多时间到外面找地方吃饭，而且图书馆食堂在清洁卫生和秩序安静方面都比外面的饭馆好。

有一件事情是我永远不会忘的。那年的 9 月 19 日是北京图书馆组织的善本书展览的第一天，来的人很多。就在参观者中间传来一个消息，说是沈阳的日本兵占领了北大营。就这样开始了中日战争的第一个阶段。

1931 年我在北京只住了两个月。第三次到北京已经是解放后的 1950 年了。就在这一年或者第二年，有一天意外地收到文物局的一个开会通知，座谈北京图书馆的工作计划。后来才知道是向达告诉当时担任文物局局长的郑振铎同志，说我懂点图书馆工作，所以约我参加座谈的。开会的地点在北海团城上面，到会的有二十多人，徐特立徐老也来了。当时在文化工作方面很强调普及工作，北京图书馆除开辟儿童阅览室外，还准备办流通图书馆，设在大汽车上，开到一些工厂和建筑工地上去服务。参加座谈的同志意见不一，谈论纷纷。后来徐老说话了，他说北京图书馆不是一般的图书馆，它是国家图书馆，是全国最大的参考图书馆，虽然已有相当规模，但是还不够，它应当朝这个方向发展，不应当舍己之田，耘人之田，把应当由地方图书馆承担的任务揽过来。徐老的话获得大多数与会者的赞同。

这些都是三十年、五十年以前的事情了。事隔多年，记忆可能有错误，请读者指正。

1987年7月于大连棒棰岛宾馆

《汉语大词典》的回顾与前瞻*

我这一次来参加汉语大词典编委会会议，是有点感慨系之的。怎么说呢？从 1930 年前后，确切年份记不清了，黎锦熙黎老，还有几位老前辈，筹备成立中国大辞典编纂处开始，这个名称就在文化界出现了。从那时起到现在，半个世纪过去了。这部大辞典多灾多难。中国大辞典编纂处成立不到十年就抗日战争开始，黎老带了一批人流亡到陕西。在北京留下一部分人，勉勉强强编了一个国语辞典，那个国语辞典离开大辞典的编纂计划的要求很远很远，那不能算大辞典，所以也不叫大辞典。那是个应付的局面。抗日战争胜利以后，大辞典编纂处回到了北京，仍然是乱糟糟的，解放战争又开始了，在北京没有能够怎么很好地工作。

这以后，到 1956 年搞科学研究十二年规划，其中有语言学的规划，里头有一个项目就是汉语大词典。——这个规划是我

---

* 在《汉语大词典》第二次编委会（1980 年，杭州）上的发言。

起草的,我们内部管它叫蓝皮书,因为那个计划书的封面是蓝颜色的。在"文化大革命"中,这个蓝皮书被批得体无完肤,我是罪魁祸首。——后来过了两年,大跃进的时期,要跃进么,在订语言所计划的时候,同志们就要求大词典快点上马。哎呀,那个大跃进时期的浮夸风真厉害,大辞典要上马,并且要在什么三年、五年里头就完工。语言所就那么几个人,做不了,好容易混了过去。但是这个大词典是应该要有,而主观的力量又做不到,非常苦闷。

以后到了1975年,广州会议,把汉语大词典提到日程上来了,这是一件好事情。可是那时候参加会议的人所设想的大词典跟我们今天在这里谈的这个大词典恐怕面目不一样。那个时候,大词典也罢,小词典也罢,总而言之是要为阶级斗争服务啊,为意识形态方面的专政服务啊,很走了些弯路。四人帮打倒以后,大词典的编纂机构成立以后,我们逐步地把这条路子摸清楚了,这个大词典应该怎么编,为谁服务明确了,那我们以后可以沿着这条路子走下去了。这个用俗话来说叫做"歪打正着",在广州会议时它一记打下去不是打这个目标,而是打那个目标,那么现在我们转移过来要打这个目标了。

从1930年到1980年,整整半个世纪。我想把它和英国的牛津大词典比较一下,牛津大词典也是难产,出版的过程也很长,这个大家都知道。但是我算了一算,从创议算起,那是1857年,英国的语文学会创议编一部词典,——他们不叫大词典,叫新词典,——从1857年创议,磨磨蹭蹭到了1884年,出了薄薄的一本,叫第一分册,第一卷里的第一分册。从1857年到1884年是二十七年,也还只有我们五十年的一半多一点。这是出名磨蹭的词典,也还比我们快一点。所以说我们的汉语大词典是多灾多难,能够有今天这一天,从某个意义上来讲,也可以说是喜出望外。

广州会议把汉语大词典提到日程上来,是好事。可是它定出来那个编写办法,五省一市不相统属,而且是工农兵学商一齐上阵,是大兵团作战,也就造成一种局面,带来一些困难。编委会成立以来,在罗竹风同志的领导下,逐步克服这些困难,现在我们可以相当乐观了。这个局面改变了,但前途还是艰难,不是那么简单,这个难,那个难,还有许多难处。刚才罗竹风同志讲了,我们对待困难采取什么态度,还是看看不对,溜之乎也?不能溜之乎也。我昨天下午在会上对罗竹风同志说,你骑在老虎背上,不能下来,下来老虎一口把你吃掉。现在就是这样,只能迎着困难上,不能够知难而退。叫做只许成功,不许失败。就是这样。我们一定要把汉语大词典编出来,而且一定要把它编得像个样子,一定要把这句话刻在我们每个编写人员的脑子里。

这是讲这个大词典多灾多难到今天的情况。

下面我想讲一讲编这部大词典的艰巨性。我们许多同志自己参加编写,也已经尝到这个滋味。但是我还想引一个外国例子来说一说编这个大词典的艰巨性。英国牛津大词典的第一任主编默雷,他在1879年就任主编,两年之后,即1881年,他写信给他的朋友说：我的助手雅谷先生整理动词 set 的材料，他对我说，把这些材料，也就是卡片，分分义项，排排次序，一共费了他 40 个小时。他是对主编诉苦啊。我把他的稿子拿来看了看，单词有 51 个义项，后面挂上去的短语有 83 个。我对他说：我觉得费 40 个小时不算过分。我对他说，这个稿子到将来主编定稿的时候，恐怕还要再花 40 个小时。1881 年，他们的词典还在编 A 这第一个字母，S 还在老远老远的后头，还早着呢。什么时候编到 S 了呢？三十年之后，就是 1911 年，编到了 S，当编到 set 这个词的时候，积累的资料就比原来多了许多。把它消化后编成一个稿子，化了多少时间呢？不是 40 小时，而是将近 40 天。这一条在词典上占多少篇幅呢？1813 面，他们的开本比我们的工作本还要大些，我们是两栏，它是三栏，它的长度也长些。1813 面分多少项呢？154 项。当然，这是一个特殊的例子，在全部词典里就它一个是那么长。比它次一点的，十个八个 page 的，三个五个 page 的，就很平常了。编这么一部词典是艰巨的。可是编这么一部词典也是光荣的事业，是值得为之终身奋斗的事业。

还来讲这个默雷，他本来是一个中学校长，他参加这个工作时大概是四十来岁。他们的语文学会算是运气很好，找着了这么一个人。他也踌躇了很久，最后同意来主持这个工作。他当时以为有那么个一二十年，就可以把这部词典编好的，谁知道到他老先生去世的时候，这部词典还没有出齐。他 1915 年去世，这部词典到 1928 年出最后一本。他自从当上这部词典的主编以后，真是勤勤恳恳，日夜为这个事业辛劳，他根本什么别的都不想。在一本什么书上讲的我忘了，有一天晚上，一个朋友去看他，他在编辑室里，——他的编辑室很简陋，就在他住处前面的院子里，就像我们地震时候那种临时房子一样，搭了个大棚，他和他的五六个助手就在这里面工作，很拥挤，还有书啊，资料啊，一个柜子一个柜子的堆在那个地方。那天晚上他的朋友去看他的时候，这位老先生趴在地下，他把卡片在地下铺开了，他老先生把一张卡片从这儿挪到那儿，又把一张卡片从那儿挪到这儿，就这么着在那里折腾。他说，我没有办法，我那张书桌上摆不下呀，我只能放到地下来搞了。白天那些助手一个人一张书桌，他没法趴到地下。等下班了，那些助手都回家了，老先生才能趴到地下干起来。他是为之终身奋斗的。《辞书研究》1979 年第一期上，裘克安同志写了一个介绍，叫《字迷先生传》，同志们有兴趣可以找来看看。这个人真是词典迷，迷上了，他有一个孙女儿，给她爷爷写了一个传，传名很有意思，叫做 Caught in the Web of Words，就是被字网套住了的意思，掉进辞典这个网里头出不来了的意思。诸位参加《汉语大词典》这个工作的，也是掉进了辞典网里，跑不掉了！

  这大词典和中、小词典不同，主要的不同不是块头大小的不同。当然，大小是一个方面，那是容易看到的。《新华字典》就这么大一块，大词典嘛，拿《大汉和辞典》来说，那么厚厚的本子，连索引一起十三本。一望而知，大小不同。但是，从实质上说，从原则上说，是什么不同呢？中小词典是供读者求解,这个词不懂,我来查查,看你是怎么说的。大词典呢,除了求解之外,它还有一个作用,就是把一种语言里的所有的词——理论上说是"所有的词"——把它们的生命史做出一个记录,从它诞生到它死亡,或者它到现在还在用,这一段生命史或者是一百年,或者是三百年,或者是二千年,要把它源源本本地交代出来。编这样一部词典,苦是苦的,乐趣也是有的。把一个词的历史从头到尾写一遍,等于给一个人写传记,很有意思。传记文学在我们国家不那么发达,在外国每年都要出一大批传记。每个人的历史,你把它细细地记下来,都是很有意思的。一个很普通的人,遇到一个擅于写文章的人把他的历史写下来,也可以很有意思。这些词,就说五千个词吧——有些小的词,短短的,没有什么复杂的情况,那当然就不算了,——假定有三五千个词,每个词都有很有意思的一段历史,把它写出来,这是很有趣味的,叫做"此中有真趣"。

拿我们要编的这部大词典和牛津大词典来比较比较看,看看我们的条件跟他们的条件有什么不同,或者说从牛津大词典我们能学到什么经验,学到什么东西。当然,可学的经验很多,不过主要的有两点,一点是众擎易举,人多就能把事情做好。在这里说一说参加牛津大词典编纂的人。首先就是提供资料的,就是看书、写卡片的。这部词典是语文学会发起的,首先是语文学会的几百个会员大家来帮忙,义务劳动,没有报酬的。曾经提供资料的一共有228个人,其中多数人提供的资料不超过一万张卡片,提供1—2万张卡片的有10个人,2—6万张卡片的有 6 个人，10 万张以上的有 2 个人，最多的好像是 13 万 6 千张。有的人前后三十几年，四十年，几乎每年都有卡片寄到编纂处来。另外，它有一种分编（subeditor），不是主编，也不是助编，助编是专职的，这分编是尽义务的，就是语文学会的一些会员自告奋勇承担某个字母里的一段的整理工作，这样的义务分编有 62 个，这里面坚持 10 年以上的有 13 个人，20 年以上的有 6 个人，义务分编年代最久的一位是 39 年。然后就是助编，是在主编手下一起工作的助手，前前后后，有进有出，工作不到 10 年的有 49 个人，10—19 年的有 2 个人，20—29 年的有 6 个人，30—39 年的有 2 个人，40 年以上的有 5 个人，时间最长的是 48 年，比主编的年代还长啊。第一位主编才搞了 36 年，这一位助手是 48 年。还有一种人也参加这一工作的，是看校样的，排字房里排了长条，若干条，比如十条或十二条，寄给这些看校样的先生。这也是尽义务，他们的任务不仅是看校样里有没有错字，而且看校样里有什么不对，提意见。这义务提意见的人很多，固定而经常看的是 9 个人，这 9 个人都是看了多年的，有的从开始就看，从 A 这个字母看起，也有的是从半当中看起的，都是坚持下去的。这 9 个人中有 8 个人是一直看到他本人死亡，词典还没有完，他不能再看下去了，只有一个人是看到底，看到了词典成书。所有参加这几项工作的人都有高度的事业心，是值得我们佩服的。

  以上是说从这部词典的编写过程中我们能学到什么经验，第一点就是众擎易举。人多，大家努力，共襄盛举。二十年、三十年这么干下去，专职的不用说，尽义务的这么多人，这么长时间，这是不得不叫我们敬佩的。跟他们比较，他们的人数我算来算去也还没有我们的人多，我们有四百多，他们连提供资料的人一起也没有我们的多。而且我们的人都是全日工作的，不是业余的，他们那种义务分编什么的，我们没有，我们不是义务劳动。因此，我们编的时间应该比他们短，这是不用说的。这是第一点。

第二点是经费问题。牛津大词典之所以拖拉那么长时间，编辑方面的任务繁重固然是一个原因，跟经费也有关系。主编想多要两个助手，就要多支出两份工资。语文学会是没有钱的，钱从哪里来呢？是跟牛津大学出版部订了个合同，他们说我们语文学会编这么一部大词典，你们牛津出版部负责出版，将来赚钱是你们赚，出版社就同意了。但是出版社说你五年之后出几本，主编拿不出来，出版社就着急了。说你先出两本啊，主编不肯，说我还没有搞好啊。出版社就威胁说：下次再不给钱了。主编就想办法找张三找李四，去说情要钱。所以就拖拖拉拉搞了那么长时间。假如出版社慷慨解囊，或者另外有什么公爵、侯爵拿钱出来送给大词典，那事情就好办多了，不至于拖到1928年。我们就不同了，我们编大词典，中华人民共和国给经费。当然不是说要多少有多少，你合理的要求不拒绝，可以满足，有保障。我们现在四百人，你需要的时候，只要找得到人，我想就是六百人，出版局也承认的，对不对？经费是不成问题的，这是第二点。

第三点,谈谈前景。刚才罗竹风同志讲在三五年内把初稿本搞出来,下一步他不说,那意思就是初稿出来之后,修订出版要多少时间,有保留,他不说。我谈的前景不是指这个,要看得远一点。我的意思是大词典编纂机构不要解散,这是首先要确定的。不要认为大词典编完出齐之后,我们编纂处就大功告成,就各归洞府。还是要维持编纂处这样一个机构,很有好处。中国的词典事业可怜得很,在国际上比较起来,简直太不像样。这么一个文明古国,词典事业是如此之不发达!昨天陈原同志讲了,说法国自有词典以来,一共出过多少词典呢?大的、中的、小的,一共有两万多种。我们有多少种呢?不知道有没有两千种,就算有两千种,也才有人家十分之一。法国的面积不到中国的十分之一,论人口,法国人口五千万,我们是他们的二十倍。他们的词典两万多种,我们不知道出到了两千种没有,相形之下实在是难为情。所以说,我们好不容易建成这么一个机构,万万不能散伙。

那么,还有什么事情干呢?我又要把牛津大词典拿来作例子了,他们在大词典编完之后,并不罢手,又进一步搞比大词典更加彻底的词典,就是分段、分区的词典。大词典是从古英语到现代即19世纪末,它不能真正彻底,它不能把每一本书的每一句话都做成卡片,然后来排比。可是分段、分区以后就可以做得更细。可是英国穷啊,有点承担不了。第一次世界大战以后,大英帝国走下坡路了。美国人有钱,美国人把这个担子接了过去。芝加哥大学把牛津大词典的资料搬了去,把第三位主编克雷基也请了去,那时候他已经六十几岁了。他们请他同时主持两部词典的编纂工作。一部是《美国英语词典》(按历史原则编纂),一共四本,1944年就出齐了。另一部是《早期苏格兰英语词典》(从12世纪到17世纪末),从1937年开始,一个一个分册地出,现在出齐没有我不清楚。克雷基已经在1957年去世了,活了九十岁,从三十岁参加牛津大词典班子,编了60年的词典。同时计划的还有一部《中世英语词典》(中世英语是从12世纪初到15世纪中,三百多年),编纂处也设在芝加哥大学,由丘拉司主编,也是一个一个分册出,从1952年开始,现在好像也还没有出完。还有一个计划,现在还没有实现的,要编早期近代英语词典,就是莎士比亚时代的词典,大概有二百年,16、17两个世纪。就这样,在大词典的基础上往前推进一步,分时代、分地区来编。

我们这部汉语大词典编完之后,大有可为,可以编一部上古汉语的词典,就是先秦时代的,编一部汉魏六朝时代的,然后唐宋元明清的再编几部,可编的东西多得很哪!我们现在手头掌握的材料,在全部可用的材料之中,我看(罗竹风插话:"九牛一毛!")恐怕只有百分之一,真是九牛一毛!所以说,可以做的事情还多得很。

另一方面,这个《牛津英语词典》编完之后(1933年重印,连补编有13大本),他们将它一压,压成两本,叫做 *Shorter Oxford Dictionary*,这"shorter"怎么翻译,不好翻。(陈原插话:"缩编。")他怎么压缩的呢?在大词典里,一个词的一个义项假如从最早出现到现在一直都用，例如是 15 世纪出现的，那 16 世纪举个例，17 世纪举个例，18 世纪举个例，19 世纪举个例，现代再举个例，隔那么一百年就要有个例。缩编呢，当中的例证都抽掉，留最早的一个，最晚的一个。假如最晚的一个只有 19 世纪的，没有现代的，就表示现在已经不用了。这样，13 本就缩成了两本。另外，在还没有编完的时候，就是已经出版了五分之四的时候，有人看中了这个好材料，要吸取其精华，编一本案头的词典，就是佛罗弟兄，他们编的就是现在大大有名的《简明牛津词典》。后来又有别人修订，现在修订到第六版了。他们又编了同样是一本头的《袖珍牛津词典》，那篇幅呢，只有一半，编法上有些不同，有点新花样。还有一本《小牛津词典》，袖珍已经小了，它比袖珍还小，还没我们的《新华字典》那么大，可以放在口袋里。那个《袖珍牛津词典》还是相当厚，上衣口袋里装不下的。那个《小牛津》倒是可以装得下，可是我看大概失败了，不大听见人提起了。(陈原插话："现在又改编了，刚刚出来。")《小牛津》的编者不是一位编辑，而是一个排字工人，是有四十四年工龄的排字房主任，他一个人搞出这么个小东西来。

在大词典的基础上往两个方向发展。一个方向是大而更大，搞断代和分区，就是更彻底些。另一个方向是搞浓缩和提炼，像宝塔一样的，一层一层上去。当然还有更重要的，就是那个补编。因为那部大词典从第一本到末了一本，前后将近五十年。到末了一本出来时，前面编的就有许多材料没用上。

五十年里新出现的词它当然没有。已经收录的，有的义项不全，有的第一个例证不是最早的，又发现比它更早的了。所以，这个补编要补词、补义、补例，——三补。在正编出完之后，补编出得很快，五年功夫就出了一本补编。现在，这一本作废，重作新的补编。现在这位主编去年到中国来过。他原来宣布的计划是补编三本，后来声明要四本了。据陈原同志说，他口头讲要有五本。（陈原："第三本马上出了，第四本在准备付印，现在正在编第五本。"）这个人也是词典迷，字迷。1957年把他从牛津大学挖出来，当时他还很年轻。牛津大学出版部董事会说，找到了这么一个字迷，可不容易。

所以说，词典工作大有可为，夸大一点说，是不朽的事业。我看一般的著作其中多数是昙花一现，不再版了，卖完拉倒，有的还卖不完。真正好的书呢，可能维持个五十年，人家还要看看。超过五十年的是少数，那是经典了，很有限的。要说搞名山事业，那只有搞词典。牛津大词典的再版本（1933）的头上有一篇长序，里面提到所有参加资料工作和编纂工作的人，凡是时间比较长点的，都有名有姓，注明工作年份。并且，堂而皇之，一人一行，不像《辞海》那样，一页里边挤上几百人，像春节前的火车车厢。好在现在成名成家不受批评了。谁要成名，我劝他编词典，因为一部大词典决不是五十年可以取消的，可以站他个几百年，几千年。一部《说文解字》到现在还很有权威呢！我这个人又要联系自己了，要现身说法了。我写过一些书、一些文章，但是我知道时间老人不会对我特别客气,再过二十年,到 2000 年,我那些东西大概人家都不屑一顾了。我要年轻二十岁,是五十六岁的话,我是愿意来参加这部大词典的。我这个人是伏在书桌上,看看书、写写文章的这么一个人。我是不怕工作艰苦,也不怕单调的。但是事与愿违,我现在干的不是我喜欢干的工作。最近我跟人家谈起,是两句话:处处跑龙套,时时刻刻打被动仗。毫无主动权。一年终了,在过春节之前,做个总结:这一年干了些什么?想来想去,最多的就是开会,其次就是看文件,看别人的稿子,再就是签字,就搞这些个!总结到最后就是长叹一声。我在语言所担任行政职务不到五年的时间,就发现我是不适合干这种工作的。就在 1956 年,我就想辞掉这个副所长的工作,我给郭老写了封信,郭老就派人来找我,说:不行!不行!就没办法了。这个事情到 1957 年 "反右" 的时候,就有人提出来,说吕某人辞副所长的职,是不是对党不满?这可把我吓坏了!(众大笑。)差一点儿,幸亏领导英明,没有给我戴上帽子。所以,现在你罗老有办法把我调到你这儿来,那我一定保证老老实实地干(众大笑,报以热烈的掌声),决不三心二意。现在请我当顾问,——"首席"两字我事先不知道,现在也没法取消了。请我当顾问,我引以为荣。现在我们的队伍里头有很多中青年同志,各省市以及编纂处都有很多中青年同志,我希望他们干到底,干他一辈子,就是编词典。我希望这部《汉语大词典》能够如罗竹风同志的设想,1985 年问世。这个事情嘛,他现在都不敢说,也许是 1985 年出不了。我说最迟最迟,1990 年一定要把它出出来。

我希望我能够活到那一天,看到这个大词典出版。(罗竹风:"不成问题!不成问题!")到那时候咱们再来举行一次庆功大会!(热烈的掌声)

记寓居牛津二三事

今年 9 月初某一天的《参考消息》摘引了台湾《中国时报》谈牛津大学 Pitt Rivers 博物馆的文章，唤起我的回忆，我曾经在那里度过十多个愉快的上午。

1936 年春天，我受江苏教育厅的委派到英国学习图书馆管理。因为伦敦大学图书馆学院要到 9 月才开学，我有几个月的空闲，就在牛津小住，目的是听听人类学讲课。我曾经翻译过 R. R. Marrett 的一本小书《人类学》(家庭大学丛书)，带了中译本去送他，请他允许我听他的课，他很欢迎。那时他已年老，即将退休。他的讲课是传统的办法，写好讲稿，上堂照念。既无讨论，也难做笔记。同时听讲的有十几位，其中有一位是非洲某一民族的王子，他跟我说："这种课听得多没意思，我们是来混一张证书的，你又不要证书，听它做什么！"我也确实感觉没意思，就没有再听下去了。Marrett 的讲稿后来好像也没有出版。

那个班上有一位英国学生告诉我，可以去 Pitt Rivers 博物馆看看，听贝尔福讲里边的藏品，挺有意思，我依照他的话去试试，果然很有收获。这个博物馆是一个大厅，四周有相当于二层楼的回廊，很宽。楼上楼下的陈列品很多，相当拥挤。馆长 Henry Balfour，六十来岁，每星期有两个上午讲课，来听的多的时候有五六人，少的时候二三人。陈列品是世界各地各民族的衣、食、住、行用具以及民间艺术品。Balfour 讲课就是挑选有特色的陈列品拿给我们看，解释它们使用的情况。在我的记忆里印象最深的是讲各种乐器和烟具，有些乐器贝尔福亲自操作给我们看。烟具也是形形色色，有完全想象不到的（从工艺的角度看，没有胜过中国的鸦片烟具的）。

这个博物馆的创始人 Pitt Rivers 是一个军人，生于 1827 年，死于 1900 年。1882 年退役之后，在 Wiltshire 他的大庄园（29000 英亩）里从事考古挖掘，自己定出一套科学的挖掘程序，收获甚多，因而有"英国考古学之父"之称。著有《Cranborne 庄园考古记》五卷，有很好的插图。他平时好收藏世界各地器物，1880 年得到一笔遗产，更有力量大事收罗。后来都捐赠牛津大学，专门建造一所博物馆来收藏。据前述台湾《中国时报》，最初的藏品只有一万五千件，现在已有一百万件。我在那里的时候大概已经有十万多件了。我有一本介绍 Pitt Rivers 博物馆的小册子，还有 Balfour 给我的两封信（老先生的"书法"美极了），我都带回国。可是不知在哪次搬家中遗失了，非常可惜。（我从 1938 年回国到 1950 年定居北京，中间搬家不下十次。）

那时候在牛津大学的中国同学有十好几位，我比较熟悉的有杨人楩，杨宪益（我们习惯称人楩为"老杨"，宪益为"小杨"),钱锺书、杨绛伉俪,俞大缜、大䌹姊妹。还有向达,他是在 Bodleian Libraiy 工作的,是给馆藏中文书编目,比我先去,跟我差不多时候离开。向达住在中文副教授 E. R. Hughes 家里,Hughes 先生在中国传教多年,爱跟中国同学拉交情,有一天请我们到他家去喝茶,在花园草地上席地而坐。第二天我闹肚子痛,痛得十分厉害,请大夫看,他说是"肠感冒"。大概跟前一天坐地下有关系,好在一天就好了。

在牛津还参观了一次授予名誉博士学位的典礼。接受学位的有三位。一位是艾登(Anthony Eden,那时候是外交大臣,二次大战后当过一任首相),名誉法学博士;一位是 E.V. Lucas(作家),名誉文学博士;还有一位是谁,忘了。授予学位的时候,这几位候补博士披挂如仪,先后逐一屈膝跪在校长面前,校长手拿圣经,在候补人脑袋上敲几下,嘴里念念有词,据说念的是拉丁文。观礼席上有几百人,我想大多数人都跟我一样,大开眼界。

我是5月初到牛津的,在英国是暮春天气,百花怒放,确实漂亮。在我住的那条街上(很抱歉,连名字也忘了),离我的寓所不远,有几棵 hawthorne 盛开,真是繁花似锦,美极了。Hawthorne,英汉词典里都注作"山楂",可是我后来到北京看见的山楂花好像跟在牛津看见的不大一样似的。我是7月中离开牛津的,到"湖区"去转了一圈,又到爱丁堡住了一阵,到苏格兰高地走了一趟,到了尼斯湖边,可惜没有看到尼斯怪物。9月初回到伦敦,到学校注册上课,开始另外一种生活。

回忆和佩弦先生的交往

朱佩弦先生是很早就出名的散文作家，他的几篇有名的作品像《背影》、《儿女》等等我是屡读不厌的。佩弦先生又跟我的老同学浦江清先生同在清华大学任教，并且是做诗的朋友，江清先生给我的信里不止一次提到佩弦先生。然而我认识佩弦先生却很晚，已经是抗日战争的第三年，即1939年，那时候我们都在昆明，他在西南联大，我在云南大学。这两个学校虽然离得不远，两校的师生并不怎么往来，除了原来的熟人。

我跟佩弦先生认识，也可以说是带几分偶然性。我是1938年到昆明的，因为昆明曾经遭敌机轰炸，我就把家安在晋宁，我一个人住在昆明，跟施蛰存先生同屋。蛰存先生比我早一年到云大，对昆明的情形比我熟得多，每逢星期天，如果我不去晋宁，就陪他逛逛大街，看看旧书什么的。那时候昆明有个刊物叫《今日评论》，编辑里边有一位是沈从文先生，从文先生常常约蛰存先生写稿子。蛰存先生有时候应付不过来就要我帮他凑合，我总是尽力推辞，说是没什么可说的。恰好早些时候出版的《今日评论》里有佩弦先生的一篇文章，题目是《新的语言》，讲到白话文正在经历种种变化，其中提到每个句子必须有个主词。下一期接着又有一篇文章附和这个说法，还涉及一些别的，作者是谁已经忘了。我曾经跟蛰存先生谈到过这两篇文章，我说汉语里边有不少没有主词的句子，将来也不会绝迹。于是有一个星期日，蛰存先生吃了早点出门，不让我陪他去，说："你给我坐在家里写稿子。"我说没什么可写。他说："你前天谈的主词问题就可以写。"我没办法，只好写，结果就是登在《今日评论》第一卷第十二期上的那篇《中国话里的主词及其他》。这篇文章我没有留底稿，那一期刊物也早丢了。在我的记忆里，这篇文章总的说来还是写得心平气和的，只是末了好像有一两句不太客气的话，不是对佩弦先生而是对另外那位作者。佩弦先生后来把《新的语言》收进《语文零拾》集的时候，在序言里说这一篇"曾引起吕叔湘先生的长篇讨论；承他指正的地方，这里已经改过了"。佩弦先生的认真而又谦虚的性格在这件小事上也充分表现出来。可是我的文章登出来之后，忽然有一个谣言，说这是云大文史系某些人有意跟联大中文系过不去，集体写的，因为吕叔湘是个生面孔，所以用他的名字。这种造谣生事的风气在旧社会的知识分子中间是存在的。

这以后，由于江清先生的介绍，我就跟佩弦先生认识了。1940年6月我离开云南大学到成都华西大学。不久佩弦先生也偕同夫人陈竹隐女士到成都休假一年，住在成都东门外宋公桥报恩寺。这一年里我到他家去过，他也到我家来过。那时候他正在写《经典常谈》，我插不上嘴，我在写《中国文法要略》，他也没有多少话可说，可是我们对语文教学都感兴趣，这就成为谈话的主要内容。

1946年他回北京，我回南京。不久之后，叶圣陶先生约我们和他合作，给开明书店编高级中学的国文课本，并且采纳了我的建议，把白话作品和文言作品分开来编成两套。在编书的过程中有时候要通信商量，多数是集中在圣陶先生那里。当时解放战争已经打了好几年，不久就全国解放，两套读本都没有编完，而佩弦先生已经早一年就离开我们了。

在佩弦先生去世之前，曾经约我到清华大学任教。我是很愿意参加清华大学的工作的，但是那时候的南北交通，陆路已断，只有海上可通，我母亲年老多病，不愿远行，我只好谢绝了。解放后，李广田先生主持清华大学中文系，重申前议。我于1950年2月到清华，住在北院。佩弦先生的旧居近在咫尺，夫人和子女还住在里边，两家常有往来，佩弦先生所用书桌书柜都保存原状，见了不胜人琴之感。

纪念浦江清先生

我跟江清认识是在 1922 年，那一年我们同时考入南京东南大学，同在一个系。毕业以后，虽然直到 1950 年才有机会在一起工作，中间也还不断有见面的时候，也常有书信往还。对于江清的为人和治学，我算是知道一点，借这个机会简单地叙述一下，以作为对他的纪念。

江清是江苏省松江县（松江今属上海市）人。早年的家境相当清苦。他父亲起初经营个小商业，失败之后就在本地一个工场里当个职员，收入微薄而家庭人口逐渐增多，经常得借点债才能维持。江清弟兄四个，他是大哥。七岁上私塾，八岁进小学。房东沈先生看见他聪明，教他古文和英文。后来考入江苏省立第三中学，以第一名录取，得免费待遇，历年成绩都是第一，一直免费到毕业。论他的家境，是没有条件升大学的，幸而本地教育界中有几位热心朋友，用贷款方式支持他，读完大学四年。

在中学时代，江清各门功课都很好，对于自然科学也很爱好，但是当时正在新文化运动高潮，课后爱看《新青年》、《小说月报》、《时事新报》副刊《学灯》等刊物，因而对文学、哲学也产生了浓厚的兴趣，入大学后就选择了西洋文学系。系里的主要教授是梅光迪和吴宓，他们是学衡派的中心人物，崇拜古典，提倡所谓人文主义，反对白话文，反对新文化运动，代表着当时思想界的一股逆流。同学中多数爱好新文艺，但是得不到鼓励。江清所读的课，本系以外，国文系为多。国文系教授有些是旧派国学家，有些是南社派词章家，从他们那里也学不到很多东西。1926年毕业之后，吴宓教授推荐他到清华大学的研究院国学门当助教。当时在研究院任导师的有王国维、梁启超、陈寅恪、赵元任等，江清是陈先生的助教。陈先生在欧洲留学多年，是以渊博知名的。初回国，对于国内情况不大熟悉，不免估计过高，给他当助教是不容易的。首先，语言方面就是个难关，中文、英文书刊之外，法文、德文的书刊也得看，而内容又是很专门的。江清说起过这么件事：有一次，陈先生要教学生梵文，拿两本梵文文法，一本英文的，一本德文的，交给江清，要他参考这两本书在几个星期里编出一份讲义——而江清自己是没有学过梵文的。诸如此类的事情不止一件。幸而江清是个求知欲极其旺盛的人，不但不以此为苦，反倒以此为乐，因为几乎每天都接触到新问题，眼界为之大开。就这样，江清把他的研究方向从文学转向史学，特别是欧洲学者所谓东方学，一方面受陈先生的熏陶，一方面刻苦用功，进步是很快的。

江清在研究院工作了三年，1929年研究院国学门结束，转入中国文学系。此后几年，由助教升教员，又升专任讲师，担任大一国文和中国文学史两门课。为了教好文学史，他大量研读古书，经史子集，广泛浏览。文学史牵涉到的问题很多，江清钻研的范围也很广，特别对于词曲中的乐律宫调用力甚勤。这个时期所写文章有《八仙考》、《逍遥游之话》、《评江绍原：中国古代旅行之研究》、《评王玉章：元词律》等篇。八仙是中国人民非常熟悉的神仙人物，是绘画、瓷器、戏曲、小说中极其常见的主题。"八仙考"这篇长达三万字的文章考证每一位神仙的传说来历，八仙的会合，以及八仙传说跟神仙画、神仙戏的关系，原原本本，详尽无遗，是很见功力的一篇文章。《逍遥游之话》对于向秀、郭象的"大小虽殊，逍遥一也"的解释提出疑问，认为这一篇的正解还保存在淮南子和阮籍的文章中，"逍遥游"的"游"跟楚辞"远游"的"游"有关，原是楚国方士的宗教神仙思想，转变而成道家的哲学理论。那两篇书评也都不是泛泛之作，是很能表现江清关于古代神话、信仰和词曲格律的知识和见解的。

从1926到1937这十一年，除1933年秋到1934年夏休假期间去欧洲旅行一次外，江清一直在清华工作。1936年同张企罗女士结婚、1937年抗日战争爆发的时候，江清在上海，由上海回松江，避居乡间。清华迁校长沙，跟北京大学、南开大学合组西南联合大学。江清把家眷安顿在亲戚家里，只身到校。以后随学校由长沙而南岳，而蒙自，最后到了昆明。从1938年到1940年，在西南联大中国文学系任教授，并且跟朱自清先生、余冠英先生等创办《国文月刊》(开明书店出版)。这时候我也在昆明,有两个多月跟江清同住在一个寓所,我正在研究早期白话中的一些语法问题,江清也正在研究宋元俗语,常得切磋之乐。1940年,江清休假,送母亲回上海。一年假满,欲回昆明而交通困难,应暨南大学之请,在彼任教。太平洋战事爆发,上海沦陷,暨大内迁,江清决定仍回昆明。1942年春间从上海出发,穿过宜兴附近的封锁线,碰上浙赣路上国民党军队败退,困守在屯溪好几个月。到了秋天才结伴步行入江西,绕道福建、广东向西去,道路艰难,旅费匮乏,直到年底才到昆明。此后三年,江清的生活很不得劲。他住在昆明郊外龙头村,上课的时候才进城。身体开始变坏,常发胃病。国民党军队节节败退,感觉抗战前途渺茫,家庭分散,团聚无期,精神极端苦闷。

这几年里江清写的文章不多,较重要的是《花蕊夫人宫词考证》,初稿是在上海休假的时候写成的。花蕊夫人宫词与王建宫词齐名,自来皆以为后蜀孟昶妃所作,但关于作者事迹的记载多可疑,各本宫词又多颠倒错乱,真伪混淆。江清根据宫词内证考定作者实为前蜀主王建的小徐妃,后主王衍的生母,宫词所咏多为前蜀宣华苑中景物和事实。篇末并附宫词校定本。这篇文章虽然以考证宫词作者为主,对于当时史迹也有所阐发,江清自己在文章中也说是"以史证诗,以诗补史",这里看得出陈寅恪先生的影响。江清在篇首还说到"余于王建宫词旧思作注",篇末附识又说"得暇将并诸家宫词连合笺校成一书",可惜都是有愿未偿。

1946年，西南联大解散，江清随清华回到北京。1948年朱自清先生病故，江清担任中国文学系主任，一年后辞去。1952年院系调整，入北京大学中国语文系。这几年教的课较多变化，文学史之外还教过楚辞、唐诗、戏曲小说选等课。

从1943年《花蕊夫人宫词考证》定稿，1944、1945年在《国文月刊》上写些李白、温庭筠词的讲解之后，直到1949年，江清都没有写什么文章。解放以后，生活安定，才能重理旧绪，可是疾病侵扰，计划虽多而写成的不多。这几年里所写文章以《屈原生年月日的推算问题》为用力最多。关于屈原的生年月日，江清是在教楚辞的时候接触到这个问题的，1951年到1952年循例休假，没有离开学校，大部分时间都用来研究这个问题，直到1953年5月才最后定稿，屈原生辰，旧说定为元前343年阴历正月廿一日或廿二日。这个说法的错误在于把历史年表上的干支纪年法的寅年作为战国时代岁星纪年法的摄提格。郭沫若先生根据《吕氏春秋》里的一个岁星纪年的例子用超辰法推求，改订屈原生辰为元前340年阴历正月七日。江清在这篇文章里考定元前339年即楚威王元年岁星在娵訾，太岁在寅，推定屈原生于这一年的阴历正月十四日。文章虽然以屈原生辰的推算为标题，讨论的问题却广泛及于岁星纪年的各方面：（1）岁星纪年和干支纪年的分别，即太岁超辰问题；（2）岁星纪年的原理和它的发展过程；（3）岁星纪年的甲乙两式；（4）岁星摄提和大角摄提的关联作用。江清对于古代典籍中有关天文历法的问题向来就很注意，起初是为了读书求解，但前人往往解说不清，就不得不自己钻研。关于《左传》《国语》《淮南子》这些书里的某些天文学上的问题他还留下一些笔记，未经整理。关于屈原，除这篇考证生辰的文章外，江清还写过一篇评传。1954 年到 1955 年江清又和吴天五先生合作杜甫诗选的注解，并预定在今年秋季开设杜诗课，不幸在开学之前已经病故了。

江清是认真负责三十年如一日的好教师。大一国文这门课一般不受重视，江清却从来不放松；教文学史要看很多书，江清也从来不肯满足于第二手材料。指导研究生，当得起"循循善诱"；对朋友称得起为人谋而忠，无论学问上、生活上，有事和他商量，他比自己的事情还热心。1950 年到 1952 年我同他比邻而居将近三年，对于他的生活和工作知道得很详细，那时候他的胃病已经相当厉害，仍然那样从容，那样一丝不苟，真是令人叹服。

在解放以前，江清是不太关心政治的，在大学时代，每年暑假回乡，参加侯绍裘等组织的"新松江社"，做些社会活动，但是回到学校里就又埋头书本，不问外事。抗战前的清华园更是一个引诱人脱离政治的环境。在昆明的时候他也常常为国家前途担忧，但是仍然没有参加政治活动。解放以后，江清力求进步，参加了民主同盟。在教学上也力求用新观点和新方法驾驭材料，在备课上用很大力气。以江清的根底，加以马克思主义的理论指导，应该能够在中国文学史的研究上留下更大的成绩，但是年寿已尽，遂成遗恨。

江清看上去很瘦弱，但是在抗日战争以前一直很健康，健谈健步，从不闹病。1940年前后开始有胃病症状，1943年以后常常发，时好时坏，就没能完全治好。我离开清华以后很少机会跟他见面，1954年7月中在高等教育部开会时遇见他，正是大热天，他却穿着毛线衣，使我大吃一惊。去年3月胃穿孔，在协和医院治好了。今年4月去北戴河试气功疗法，无显著效果。8月底准备回京，胃穿孔复发，救治无效。

江清生于1904年，卒于1957年，享年五十有三。

1957年10月27日

悼念王力教授

我最早知道王力先生的名字是在 1936 年，那一年他的论文《中国文法学初探》刚刚在《清华学报》发表，我的朋友浦江清先生跟王先生同在清华大学教书，把王先生送给他的油印本寄给我看。我那时候刚刚开始对汉语语法发生兴趣，读了王先生的论文很受启发。

抗日战争初期，王先生在西南联大教课，讲授"中国现代语法"。那时候我也在昆明，在云南大学文史系任教，教英语。1939 年暑假后，系里给我加了一门"中国文法"，那时候王先生的讲义已经印出来了，我借来一份参考。我在教课中遇到一些问题，想找王先生商讨，可是王先生休假，住在河内从事汉越语的研究，无由请教，及 1940 年暑假后王先生回到昆明，我已经离开昆明去成都了。这以后的几年里，王先生的《中国语法理论》和《中国现代语法》，我的《中国文法要略》先后出版。有一个时期王先生在昆明编一个报纸的副刊，约我写稿。这类稿子我实在写不好，写了一两篇就没再写，现在连什么题目都忘了。

抗战结束之后,我回南京,王先生去中山大学任文学院长,写信约我去共事,我因为时局很不安定,家累又重,不能远行,只能谢谢他的好意。这以后的几年,王先生和我都各自有一番经历,直到1954年王先生到北京大学任教,那时候我在中国科学院语言研究所任职,我们才第一次见面,离我第一次知道王先生的名字已经十八年了。

王先生在北京大学任教,同时担任中国科学院哲学社会科学部的学部委员和语言研究所学术委员会委员。不久,语言研究所搬到中关村,离北京大学很近,我有一个学期在北京大学兼课。所以我和王先生晤谈的机会比较多了。虽然后来语言研究所又搬进城,我的宿舍也跟着进城,我们还是时常有机会相见的。十年动乱期间,王先生很少走出校园,仅仅在1973年欢迎赵元任先生的会上见了他一次。最近几年,因为同在文字改革委员会有工作,又一同参加大百科全书语言文字卷的审稿工作,还有语言学界的其他集会,我们又常常在一起。这几年王先生年纪大了,行动没有从前利索,可是也没听说有什么病。前年我们同去佳木斯开会,住在一起,我看他对客挥毫,还是兴致挺高的。上个月忽然听说王先生住院了,并且医院不让探视,我还希望他能转危为安,没想到就这样永别了。

王先生的为人谦虚诚恳,人所共知。他处同事,处朋友,和睦无间;对学生,对后进,更是劝勉有加。他可以评议古人的得失,却从来不谈论时贤的短长,尤其可贵的是有"宁人负我，无我负人"的气度，这在知识分子中是不多见的。

王先生在中国语言学上的建树，有口皆碑。其所以能取得如此丰硕的成绩，是由于他对于中国旧有的音韵、文字、训诂之学有深厚的底子，又因为受过西方语言学的训练，能够用批评的眼光对待那个传统，也就是说，既能够钻进去，又能够跳出来。

王先生在清华大学国学研究院的毕业论文是《中国古文法》，后来到法国去留学，对语法学有更深一层的思考，在1936年写成《中国文法学初探》。在这篇论文里特别强调两点。第一，要注意汉语语法的特点，他说："不难在把另一族语相比较以证明其相同之点，而难在就本族语里寻求其与世界诸族语相异之点。"又说："别人家里没有的东西，我们家里不见得就没有。"第二，要区别古文法和今文法，不仅不能混为一谈，并且要特别注意古今相异之点。后来上海语言学界发起中国文法革新讨论，也强调汉语语法特点，可是对于古今语法的异同仍然没有予以足够的重视。王先生在西南联大讲中国现代语法，例句几乎全用《红楼梦》，就是为了避免在不同时代中混杂取材的毛病，虽然《红楼梦》已经跟真正的现代汉语有了些距离。

王先生的音韵学研究也是很早就开始的，他的《南北朝诗人用韵考》是跟《中国文法学初探》同年发表的。王先生在音韵学研究方面用力很勤，前后写过不少文章，后来总结为《汉语史稿》的语音部分，1978年以后又大加修改，成为《汉语语音史》。王先生在古音方面的特殊贡献是脂微分部，这已经为音韵学者所公认。

王先生对于分析字义，特别是古今字义变迁，一直很留心，前后写过《理想的字典》(1945)、《了一小字典初稿》(1946)、《新训诂学》(1947)等文章，后来主编高校教材《古代汉语》的时候又特地辟《常用词》一栏。然而这些都还只是小试其锋，非常遗憾的是始终没有机会让王先生主持一部大型词典的编纂工作。

王先生晚年用力最勤的是一部《同源字典》，从 1974 年到 1978 年用了整整四年时间。完稿之后，王先生曾经赋诗一首：

望八衰翁老蠹鱼，砚田辛苦事耕锄。
畚箕王屋曾平险，风雨兰陵自著书。
说解撰成思叔重，凡将写出念相如。
漫嘲敝帚千金享，四载功成乐有余。

王先生真可以说是老当益壮。1980 年王先生年届八十，元旦赋诗有"漫道古稀加十岁，还将余勇写千篇"之句。1983 年王先生已是八十三岁高龄，还用半年时间写了一本《清代古音学》，讲述顾、江、戴、段、孔、王诸家在音韵学上的成就并评论他们的得失。

综观王先生一生勤勤恳恳，不论处境的顺逆，从不停止工作，真是我们学习的楷模。回顾我和王先生几十年交往，翻阅他送给我的一本本著作，不胜怅惘。

1986 年 5 月 4 日灯下

怀念圣陶先生

我认识圣陶先生是在成都,1941年春天的一个细雨漾漾的上午。那时候我在华西大学中国文化研究所工作,圣陶先生在四川省教育科学馆工作。教育科学馆计划出一套供中学语文教师用的参考书。其中有一本《精读指导举隅》和一本《略读指导举隅》,是由圣陶先生和朱佩弦先生合作编写的。计划里边还有一本讲文法的书,圣陶先生从顾颉刚先生那里知道我曾经在云南大学教过这门课,就来征求我的意见,能否答应写这样一本书。

我第一次见到圣陶先生,跟我想象中的"文学家"的形象全不一样;一件旧棉袍,一把油纸雨伞,说话慢言细语,像一位老塾师。他说明来意之后,我答应试试看。又随便谈了几句关于语文教学的话,他就回去了。那时候圣陶先生从乐山搬来成都不久,住家和办公都在郊外。过了几天,他让人送来一套正中书局的国文课本,供我写书取用例句。

大约半年之后,我写完了《中国文法要略》的上卷,送给圣陶先生审阅,那时候他已经把家搬进城里了。后来开明书店设立成都编译所,就设在圣陶先生家里。圣陶先生一直在主持《中学生》杂志的编辑工作,后来又跟宋云彬先生合编《国文杂志》,他邀我给这两个刊物写稿子。我的《文言虚字》、《笔记文选读》、《中国人学英文》以及《石榴树》(即《我叫阿拉木》)的译文,或全部,或部分,都是在这两种刊物上发表的。因为送稿子到圣陶先生那里去,也就常常留下来,一边说着话,一边看圣陶先生看稿子。圣陶先生看稿子真是当得起"一丝不苟"四个字,不但是改正作者的笔误,理顺作者的语句,甚至连作者标点不清楚的也用墨笔描清楚。从此我自己写文稿或者编辑别人的文稿的时候也都竭力学习圣陶先生,但是我知道我赶不上圣陶先生。

写《中国文法要略》以及《文言虚字》等等,是我对学术工作的看法有了变化的表现,哪是因哪是果可说不清。原先我认为学术工作的理想是要专而又专,深而又深,普及工作是第二流的工作。我自己思想中本来就有这个倾向,我在那里工作的研究所的主持人更是十分强调这一点。可是我现在认识到普及工作需要做,并且要把它做好也并不容易。回想起来,我确实是受了圣陶先生的影响。圣陶先生把很大一部分时间和精力用来编《中学生》,值得吗?非常值得。现在七十多岁到五十多岁的人里边有很多人曾经是《中学生》的忠实读者,在生活上和学问上是受过它的教益的。

在这里我想顺便说一个故事。1949年初,开明书店收到魏建功、萧家霖等几位先生从北平寄来的编字典的计划,圣陶先生认为这个计划很好,复信说开明可以接受出版。这就是后来由附设在出版总署内的新华辞书社出版的《新华字典》,那时候圣陶先生任出版总署副署长。《新华字典》出版之后,新华辞书社并没有解散,圣陶先生打算让这个班子继续编别的辞书,并且希望建功先生辞去北京大学的职务,继续领导辞书社的工作。建功先生不肯,态度很坚决。后来有一天圣陶先生跟我闲谈,谈起这件事,他说:"难道在大学里教课一定比编字典的贡献大吗?"现在建功先生和圣陶先生都已经作古,我也不需要保密了。

1945年,抗日战争结束,圣陶先生一家随着开明书店由长江出川回上海,第二年我也随金陵大学回南京。为写稿的事,也时常有书信往还。1947年,圣陶先生约朱佩弦先生和我参加高中国文读本的编辑工作,我建议把语体文和文言文分开,编成两套,他们两位都同意。到1948年冬天,淮海战役的胜负已成定局,南京城里人心惶惶,很多人家避居上海,我也扶老携幼投奔开明书店。我在开明书店工作了一年有余,认识了章锡琛、王伯祥、顾均正、徐调孚、贾祖璋、周振甫、唐锡光等"开明人",也多多少少感染上了那难于具体描写却确确实实存在的"开明作风"。圣陶先生不久就去香港转道去北京参加政治协商会议,人民政府成立之后担任出版总署副署长。第二年我应清华大学之聘也来到北京。虽然住得不近,也还时不时有机会见面。

1951年2月,我母亲在上海去世,我奔丧回南。回到北京,家里人告诉我,圣陶先生找过我,说有要紧事儿。我去了才知道是要写一个讲语法的连载,在《人民日报》上发表,主要是供报刊编辑以及一般干部参考。发起这件事的是胡乔木同志,他曾经问过语言研究所,语言研究所不愿意承担,才找到圣陶先生,圣陶先生说可以找吕某人试试。这就是《语法修辞讲话》的由来。这件事在我的生活中形成又一个转折点。1952年高等学校院系调整的时候,我被分配到语言研究所,做语法研究工作,还在人民教育出版社兼任一名副总编辑(圣陶先生是社长),照料语文课本的编辑工作。如果没有《语法修辞讲话》这件事,很有可能我会跟着清华大学中文系并入北京大学,或者调到别的大学去。

　　《语法修辞讲话》给我惹出许多事儿。首先是到处邀请做报告,其次是回答纷至沓来的读者来信。过了几年,好像没事儿了,忽然有一天接到圣陶先生一个电话,说是某方面的指示,要写一篇批判《语法修辞讲话》的文章,并且点名要圣陶先生写。圣陶先生在电话里说,这篇文章他不会写,"解铃还是系铃人,还是请你勉为其难吧。署名当然还是署我的名字"。这可把我难住了。对于《语法修辞讲话》我也不怎么满意,可是我的不满意跟那位不知道名字的发指示的同志的不满意,大概不是一回事。所以这篇文章很难写,既要让考官满意,也得让挨批者不太难堪。好在已经过多次政治学习,如何发言才算"得体"已经多少有些经验。饶是这样,一千多字的文章还是写了一个星期,登在《人民日报》上,也不知道命题人是否满意。

《语法修辞讲话》的发表引起了一阵"语法热",一两年内就出版了十来种语法书。圣陶先生大概也看过几种,好像都不满意,有一天跟我说:"能不能写一本不用术语的语法书,容易懂,而且实惠?"我说:"不用术语恐怕办不到,少用几个,像'名词'、'动词'、'主语'、'谓语'等等,也许能够办到。至于实惠,也就是对说话、作文有帮助,那就更难了。"圣陶先生当然没有叫我试写,我可偷着试过好几次,都是写着写着就写不下去了。我希望有人能满足圣陶先生这个遗愿。

我在人民教育出版社照料初中汉语课本的编辑工作,当时的计划是要把汉语和文学分成两套课本的。实际工作是张志公同志负责,但是我得认真审读,提修改意见。这套课本仅仅试用两年就不用了,汉语和文学又合流,恢复原先的语文课本的编法。这时候我已经不兼人民教育出版社的职务,但是圣陶先生叮嘱我好好审读新编的语文课本。不久,我在语言研究所主编的《现代汉语词典》的初稿陆续出来,圣陶先生和朱文叔先生都是审订委员会的委员,也只有他们二位认真提了些修改意见。

"文化大革命"开始以后,彼此不通音问。我听说周总理设法保护文教界的一些老先生,估计圣陶先生会在内,也就放心了。我自己则由隔离反省而集中学习,而下干校,又和二十多位同志于1971年初提前放回北京,仿佛做了一场稀奇古怪的大梦。这时候虽然仍然受驻机关的军宣队、工宣队管束,已经基本上可以自由行动,于是有一天我就去访问圣陶先生。大概这个时候圣陶先生那里还是很少有客人来吧,看见我非常高兴。

寒暄几句之后，他睁大眼睛问我——至今我还记得很清楚——"你是什么罪名？"我说："反动学术权威加走资派，双料打倒对象。"圣陶先生叹了口气，半响不说话。后来互相交换熟人的消息，圣陶先生扳着指头算了会儿说："我认识的人里边，死了的和下落不明的，十七个。"

圣陶先生和王伯祥先生是幼而同学，长而共事，交情很深。伯祥先生那时候身体不好，在家里很寂寞，圣陶先生常常去看望他，有时候乘公共汽车，有时候步行。二位老人的心情是不难理解的。因此，我也过些时候就去看看圣陶先生，尽管没有多少话要说。

圣陶先生不是以书法知名的，可是书以人重，来求墨宝的还是很多。我在上海的时候曾经得到他一副篆书短联。1976年有人送我两张高丽棉纸，我拿去请圣陶先生给我写点什么。他写了两首诗送我，是楷书写的。

　　　　华西初访犹如昨，既接清芬四十年。邃密深沈殊弗逮，媿存虚愿欲齐贤。
　　　　并臻信达兼今雅（谓使用现代语），译事群钦凤擅场。颇冀移栽名说部，俾因椽笔得深赏。

这里既有溢美之词，也有勉励的话，希望我翻译外国名著。我又何尝不想在这方面多做点工作，但是我也跟很多人一样，时间不能完全由自己支配，也就顾不上了。

在这以前，圣陶先生也曾经在我女儿吕霞写的《在抗战中度过的童年》的前边题过一首《洞仙歌》，那些短篇是原先发表在《开明少年》上，后来剪贴成册的。

　　华西初访，记见垂髫觑，小试文心不吟絮。叙离乡，辗转汉浦湘皋，更绕道遥傍滇池侨寓。　　曩曾雠手稿，卅载于今，重读依然赏佳趣。观感本童心，暗喜轻愁带幽默，时时流露。待掩卷津津味馀甘，却不免追怀西南羁绪。

1977年8月，谢刚主（国桢）先生发起去承德避暑山庄游览，邀请圣陶先生、唐弢同志和我同去，圣陶先生由至善世兄随侍，唐弢同志和我也都有家属陪同。那时候避暑山庄还没有正式开放，游人很少。我们住在文津阁楼下，非常清静。早晚在松林中散步，虽少花香，不乏鸟语。尽管只住了一个星期，但是来去自由，没有多人迎送，也不要讲话和应酬，圣陶先生心情很舒畅，后来还屡次提到。第二年夏天圣陶先生参加政协的视察组去四川，路上患病，回到北京去医院检查出来是胆结石，做了手术，在医院里住了三个多月，健康大受影响。这以后，除1982年到烟台作短期旅行外，就没有再出京了。

我最后一次晤见圣陶先生是1987年9月8日。这一年他的健康情况比较稳定，那一天正好有新华社的老摄影记者邹健东同志来给圣陶先生拍相片，也给我们两人拍了一张合影，圣陶先生兴致很好。11月17日上午我去看望圣陶先生，他因为晚上没睡好，早餐后又睡着了，我没有惊动他。至善有事出去了，我跟满子说说话就出来了。后来我自己闹病，住了一阵子医院，回家休养，一直想去看圣陶先生都因循未去。有一天张志公同志来看我，说起圣陶先生，他说他也好久没去看望了。我们相约过几天去看他老人家。又过了几天，志公在电话里告诉我，圣陶先生又住院了。最近几年，他常常住院，所以我也没放在心上，打算过些时到医院去看他。2月16日早晨，志公同志来电话，说叶老去世了，我后悔没早去医院。第二天我自己患感冒躺下了，追念往事，做了一副挽联：

　　　　交情兼师友，四十八年，立身治事，长仰楷式。
　　　　道德寓文章，一千万字，直言曲喻，永溉后生。

也只是在心里念道念道，没有写出来送到民主促进会举行的追思会上去。下联是天下的公论，上联却是说出我个人的感受，可是我相信，像我这样受过圣陶先生言谈的影响、行事的感染的真是不知道有多少人啊！

忆刘北茂

刘北茂是我常州中学的同班同学,那时候他的名字是刘寿慈。当时的校名是江苏省立第五中学。我们是第十五级,1918年入学,1922年毕业;一级有甲乙两组,我们是十五级乙组。一组的定额是 40 名,我们这个组到毕业的时候就只有 34 名了。同一组的同学,由于性情不尽相合,爱好不尽相同,无形之中就显出亲疏,北茂和我和另外三四位是常在一起的。那几位都在解放前后陆续去世,最后剩下的就是北茂和我了。

北茂和我有一个共同的爱好是英语。重视英语是常州中学的传统。教我们一年级英语的是一位沈老师——苏州人,讲课一口苏白,后来我在苏州中学教书的时候还见过他,已经退休了。这位沈先生在每天教的课文中指定一段要求学生第二天背给他听。也就是十几行吧,在北茂和我是不当它一回事的,多数同学也都能背下来,可是有那么几位就是结结巴巴背不好。沈老师常说,你背书就像推小车过桥(指旧式的石级桥)格登!格登!因为这句话他常说,所以至今我还记得。二年级以后的英语老师不那么严，可是我们几个爱好英语的还是挺认真的学。不过那时候用的教材不太合理，二年级是《泰西五十轶事》，三年级是《莎氏乐府本事》，四年级是欧文的《见闻杂记》。这也是当时的风气，很多中学都用的是这类教材。

北茂从他大哥刘半农先生那里拿来了几本商务印书馆出版的有注释的英语文学名著，分一本给我看，是 Goldsmith 的《威克斐牧师传》，注释的人叫马骥，时间大概二年级下学期。这本书的文字不能说是多么深奥，但是一个中学二年级的学生当然是对付不了的，有注释也不管用。我用了整个晚自习的两小时也只看了一页，也还有好几处，生字查出来了，整句的意思仍然不懂。只好还给北茂，后来我也没问过他看得下去看不下去。

我们的英语进步算是比较快的，到四年级念欧文的《见闻杂记》居然念得进去。北茂和我还比赛过背书，背的是其中一个短篇，The Voyage（旅程）。

中学毕业以后，各奔西东。北茂因为两个哥哥都在北京，去北京考进了燕京大学；我去南京考进了东南大学，离家近。1925年我因为学校闹风潮，外语系走了好几位教师，我到北京大学去借读。于是我们又有机会见面了。第一次见面，北茂对我说："我现在能背 The Voyage，不光是顺着背，还能倒着背。"意思是从末一句往前背，背到第一句。我只好说："我认输。"这件小事很能说明北茂的为人：做事认真，对人憨直，在现代社会里兼有这两方面的美德的人是不多见的。

1931年我有事到北京，又见了北茂，那时他好像是在女子文理学院工作，我已经记不清了。

这以后再看见北茂是在南京，时间已经是抗日战争胜利以后。那时候我在金陵大学工作，他在南京音乐学院工作，好像是既教英语又教器乐，忘了是琵琶还是胡琴。北茂在中学的时候就跟他二哥天华先生学器乐，后来卓然成家，不但演奏，并且作曲。说来惭愧，天华先生在常州中学教音乐的时候，我也上过他的课，他教我们"乐典"，我考试的分数挺高，可是除了会唱几只歌以外，什么乐器也没学会，现在是连歌也唱不好了。在南京那两三年，彼此都有家庭负担，而物价不断地涨，只顾"穷忙"，哪有寻亲访友的闲情逸致，因此见面的时间也不多。

全国解放以后，我在清华大学工作，南京音乐学院搬到天津，北茂和我通过几次信。五二年院系调整的时候，我收到他一封信，他告诉我天津音乐学院归并中央音乐学院，他的工作是安排在西安外语学院教英语。院系调整之后，我到科学院的语言所工作，不久语言所由城里搬到城外，过些时又由城外搬进城里，我的家也跟着搬来搬去。在这个期间，我屡次写信到西安外语学院都被退回，托在西安的朋友去该校探问，也都说英语系教师中没有刘北茂其人。这样，我们不通音问差不多有二十年。后来我忽然收到北茂一封信，才知道他没有去西安而是跟着天津音乐学院归并到中央音乐学院教音乐。他也是给我写信到清华被退回，到处打听我的下落。就这样，同在北京城里二十年，谁也不知谁在哪里，真是可笑。后来不知道他怎么知道了我的工作单位，寄来一封信，并且说他腿有毛病，不能出门，盼望我去看他。这样，我们又重新有了见面谈心的机会。可是我们都老了，并且颇经过一些风风雨雨，当年的闲情逸致再也找不回来了。

我的简单回忆
——致外孙吕大年

（一）

大年：

有半个多月没给你写信了。上星期六（12/7）天气骤冷，最高温度是零下 5°，这在北京是不常有的，有也在三九天，现在离冬至还有半个月呢。这个寒潮持续了五天，到昨天（12/12）最高温度才恢复零上 2°。在骤冷那天我去语言所开了个会，会后又聚餐，回家就感冒了。幸而及时吃药和休息，没几天就好了。

你要的书，我这里只有 De Quincy（两种本子），Mill, Leslie Stephen（*Early Impressions*），已经包好放在这里，如晓燕能够成行，就让她带去，否则请朱德熙先生带去。你估计一下，有无可能晓燕能在朱先生之前成行，如无此可能，望速来信，我即将书送到朱先生处，他去贝克莱的日期是 1 月 13 日。（现已决定请朱先生带。）

我想从这封信起写我的简单回忆，分若干次写完。三联书店沈昌文几次动员我写回忆录,我都没有答应。我觉得我这一生平平淡淡,没有什么值得别人知道的事情,何必浪费纸张油墨。但是这一生是怎么走过来的,讲给家里的晚辈听,也还不是毫无意义。所以经过反复考虑,决定拿出一部分时间来做这件事。这些信望你保存(或者复印后把原信寄回来),将来给又年、东东他们看。连你母亲和大舅二舅他们也可以看看,我早年的事情他们也不大清楚。

我的家庭是一个中等县城(二三万人)里的小康之家。这种家庭里的小孩一般是关在家里,不让出去跟"野孩子"玩儿。这样,我从小就只能在家里玩,胆小怕事,不愿与生人说话,怕见生人,常常躲起来。这也是一种"惯养",不是在衣食上惯养(我们吃得并不讲究,也没有什么玩具),而是采取保护形式的惯养。小时候的习惯影响我大半生。我在学校里,从小学、中学到大学,都是只跟几个好朋友来往,跟一般同学非常冷淡,因而人家说我骄傲。还有一个不好的后果是不会在众人面前讲话,尽量逃避。一直到后来在中学教书,尽管上课不受拘束,可要叫我对学生"训话",我就说不出话,草草了事。记得我在苏州中学时,每星期一早晨有所谓"总理纪念周"(简称"纪念周",其实就是一种周会),每次要有一人讲话,当然是校长、教务主任讲话的时候多,但教员也要轮流上去讲,轮到我讲那一次,尽管我事先做了准备,到时候还是全忘了,张口结舌,面红耳赤,狼狈之至。(那时候还不兴念讲稿。)我现在作公开讲演,毫不胆怯,是解放后锻炼出来的。1951年《人民日报》

上登载《语法修辞讲话》之后,各处纷纷请我去"作报告",无法拒绝,只能硬硬头皮上讲台。记得第一次大场面是大华电影院,底下黑压压一大片,我站在上面心慌得不得了,幸好那时候作报告可以念稿子,这才敷衍过关。以后次数多了,胆子也就大了,也可以不受稿子拘束,拿个简单的提纲发挥一通了。

我是六岁开蒙的。名为六岁,实际只有四足岁零两个月,我是1904年12月生,1909年2月进私塾,可不是五足岁还不到吗?这私塾就在我们家一条街上,走路也就是三分钟。老师是个乡下读书人,收了十几个学生。我在那里念完了《三》《百》、《千》,念到《大学》、《中庸》就换地方了。换地方的原因是那时家里已经有了一个兄弟(四公公)和一个侄儿(允文的父亲),又有一个兄弟将要出生(五公公),孩子多了,大人烦,就把我寄养到一个穷亲戚家去。新的私塾老师比原来的高明多了,是个秀才,跟我们家也沾点亲,我管他叫大姨爹。我在他那里念完《论语》,念了半部《孟子》(那时候,老师给几个年纪大些的同学讲《左传》,我们坐在自己位子上也听得到。这是我第一次接触中国古典文学,虽然没有见书。)就转到一所私立"文中小学",念三年级。课程除国文、算术、修身外,还有英文,念的是《华英初阶》。一年之后又转学到一所公立初等小学,设在东岳庙的一个跨院里,三间殿堂两间做教室,一间是教员休息室。院子里有两棵梧桐树,还养着一只羊。学生一共不到三十人,清静得很。那时候的小学分为初小四年,高小三年,我初小毕业就该进高小了。那时丹阳全县只有一所高小,在白云街,就是现在的白云街小学。那个学校是原来的书院,所以一般不叫它高小,就叫它"书院里"。我们初小是春季始业的,毕业的时候是年终,而高小已改为秋季始业,所以只能先进"补习班"念半年。我考高小是第一名录取的,以后每学期考试都是第一名,到了中学还是八个学期考了七个第一名。这在无形之中养成我的骄傲,看不起多数同学,看不到别人的长处。直到进了大学,才发现三山五岳有的是英雄好汉。那时候社会上有结拜兄弟的风气,我那个小学里有些同学也想搞结拜,为了凑足十弟兄,把我拉进去,只我一个是一年级,其余都是三年级大师哥。那九个人我现在只记得起六个了,其中有吕凤子的四弟叔周,后来在医学院毕业,挂牌行医,抗战中去世;有一位乡绅的儿子姜嘉猷,后来在上海交大毕业当工程师,1950年我到北京他来看过我一次,那时他在唐山(铁道学院?)教书,不知道现在还在不在;有一位姓蔡的,是一家小百货商店的小老板,后来继承父业,现在已去世;有一位姓毛的,年纪最大,是扬中县人,可能是个小地主,大概也不在了;跟我来往较多的两位,一位是林镕,中学毕业去法国勤工俭学,学植物学,回国后在北平研究院做研究员,解放后在中国科学院植物研究所当副所长,后来当所长,早几年才去世;另一位是胡嘉言,是同济大学医科毕业的,解放前在上海行医,解放后在一个医学院教书,1957年划右派,分配到淮阴的医院工作,现在还在那里,已经退休了。

1918年我高小毕业,问题来了:是升学啊还是就业?我父亲是个商人，用现在的标准，是个小商人，那时候就算是有钱的，因为他在镇江和徐州两地与人合股经商，在金坛乡下还有几十亩地收租。按我父亲的意思，要我去一个商店当学徒，用那时候的话叫做"学生意"。可是我的高小老师认为像我这样的学生不升学非常可惜，就让人捎话给我父亲，让我升学。那时丹阳没有中学，不是往西去镇江进江苏第六中学，就是往东去常州，进江苏第五中学。恰好那时我同班有一同学夏翔要去考五中，有他哥哥护送，我就跟他一起去考五中。我们两个都考取了。夏翔的体育好，后来进东南大学体育科，又去美国进修，回国后在清华任教至今，早就是体育界名人了。

公公
1985 年 12 月 13 日

（二）

大年：

因为腰痛，不能久坐，好久没有接着上次的信写下去。现在我的腰痛已经好了，晓燕再有两天就要走了，我写这封信让她带去。前次信里说到我小学毕业进中学，我想暂时不写中学生活，先补写我的家世。从我的祖父写起。我祖父弟兄二人，他是哥，弟弟就是名画家吕凤子和佛学家吕澂的祖父。这老哥俩青年时代是在太平天国时代度过的，那时的日子不好过，他们哥儿俩一个在江北（清军区），一个在江南（太平天国军区），合伙走私双方需要的物资，有时赚了，有时被这边或那边的军队没收了，认倒霉。就这么混日子，好容易混到清军在江南也站住了，才过上正常的生活。凤子的祖父原在江北，就在那边十二圩（仪征县的大市镇）经商，发了点小财，在丹阳城里盖了房子住家。我的祖父原在江南，在丹阳和丹徒交界的农村落户。他有三个儿子，我父亲是老大。他从小学做生意，先在商店里当伙计，后来自己经营，或与别人合伙。他是1924年去世的，留下丹阳城里一所住房，镇江一家洋纸店里几千元股份，还有金坛乡下几十亩田地。这地是由别人代管的，一年收租多少他说了算。所以那时候家用就指着镇江纸店里的股息和红利。总的说来，我们家在丹阳那种小县城就算是个小康之家了。

我父亲原配姓汤，生我大哥和二哥；继配姓钱，生三男二女，我最大。四公公在上海，五公公在近代史所，你都知道。小姑姥姥也在上海，单名灏，就是士建的母亲，是已经退休的小学教师。我的大妹妹小名就叫六姑，上学时取名瀚，十五岁上死于肺结核。

我大哥名字叫钟淇，比我大十八岁，二哥叫钟泠，比我大九岁。按吕氏的族谱，我们这一辈是"钟"字排行，我是上高小的时候把"钟"字去掉，大学时代又加上个"叔"字作为字，因为朋友之间单名不大好称呼（那时候管人叫老什么、小什么还不盛行，一般只用于对服务员）。

我父亲一辈子经商，在外地的时候多，在家的时候少。待小孩是宽厚的,在我的记忆里我挨父亲的打只有一次。别的事情记不起来什么了。我母亲是有名好人,只要力所能及,总是有求必应。小商贩最愿意跟我母亲打交道,她明知他们糊弄她,也乐呵呵地不计较。对孩子也是马虎的,只要你不大喊大叫、东颠西窜,就不来管你。她不认识几个字,所以孩子们的功课她也不管。只有一件事管得严,就是不准出大门。

我大哥先在一家钱庄里学徒,后来就到镇江我父亲与人合股经营的纸店里去当账房。他三十多岁就死了,留下一个儿子和两个女儿。儿子就是允文的父亲,名字叫兆庆,糊涂为人一辈子。先是学生意,不巧他还没满师(三年)那店铺就倒闭了。于是就有人利用他有点遗产(我大哥死后,大嫂吵着要分家,分家之后没过几年她也死了),撺掇他合股开店,没两年铺子亏本倒闭,在家坐吃山空。日本人来了之后,他没跟我们逃往后方,留在丹阳,靠收田租过日子。实际上是连收租带卖田,赶日本投降,我从后方回丹阳,才知道比较好点的田都卖了,只剩下几十亩薄地,我征得两位老弟的同意捐给了丹阳正则女校。兆庆后来由他内弟韩连寿介绍到青岛一个染织厂工作,在60年代故去。

我二哥的一生是值得叫人深思的一个教训。他的字写得很好,文字也不错,都是自己锻炼出来的。我母亲嫁过来的时候,我二哥已经十岁了,亲戚中间就有人挑拨他和我母亲的关系,我母亲就不敢管他,由着他在外边乱交朋友。他几次到商店学徒都没有好结果。在他二十岁的时候给他娶亲,生了个女儿。

他在外边有些不清不楚的男女关系，经常跟二嫂吵闹，没几年我二嫂就自杀了。这以后他就索性不回家了，在外面跟人家有夫之妇姘居，没有钱花就回家来要。这时候我们家的财产已经按五份分开了（我大嫂要求分家，也是怕老二乱花），他就要把他的一份换成现钱。父亲在的时候，他还只能偷偷问母亲要点钱，父亲去世以后他就明目张胆地勒索了。慢慢的他在丹阳的中下层社会里混出一套本事，帮人家说合生意，或是调解是非，乃至代谋词讼，等等。至于抽鸦片，那是很早就已沾染，屡犯屡戒，屡戒屡犯。他活了四十二岁，1936年去世，总算没有陷在日本人手里当汉奸。他的女儿学助产，抗战时跟着一个医生流亡到四川，因上当受骗而自杀。

你四公公原来也是学生意不成，转而读书，我父亲去世的时候，他在南京中学。因为父亲不在了，母亲命令他退学去参加镇江纸店（店号同孚永）的工作。因为是股份店，怕吃亏。抗战期间他带了部分资本逃到上海，独自经营纸业。日本投降之后，国民党统治期间，他过得不错。解放后，这种中间贩卖商业无立足之地，只好歇业。他在一家街道工厂里当一名会计，日子就拮据起来，好在子女都成年了。

回顾我家这几十年，显然这是一个小城市中的一个中产阶级人家的历史。这种人家出身的人，一般是安分守己，瞻前顾后，没有多大的野心，也没有啼饥号寒的忧虑。我自己反省，我的思想意识基本上没有越出这个范围。至于立身行事，有所为有所不为，这还都是读了些书，受前人的嘉言懿行的影响，跟我的家庭出身未必有关。

今天就谈到这里。另外，昨天我跟婆、东东、小群都对你说了些话，录在磁带上。

公公
1986 年 2 月 28 日

（三）

大年、晓燕：

晓燕去了已经一个月，你们的生活想已有一定秩序，不知钱够用否？今天是复活节，不知放几天假？这个学期是不是就此结束？又该选下个学期的课了，我觉得你前两个学期读的都是十六七世纪的东西，今后该多读些十八九世纪的，这样可以比较全面些。将来教书，不大可能除莎士比亚之外再开什么早期文学的课，即使教文学史也不能像英美大学那样详古略今。还有，攻读博士学位的必需学分是不是 40，然后写一个 qualifying paper? 我这里原来有一个 Berkeley 的 Catalogue，让人借走多时未还。

最近人大开会，我住在家里，除大会出席外，小组讨论就不全去了。今年的会期比去年长，从 3 月 25 日到 4 月 12 日。会后如无特别情况，确实想出去走走，散散心。

下面接着讲我的中学和大学生活。我读书的常州中学（江苏省立第五中学）是一所有名的学校，其实并不怎么样。拿功课来说，国文四年里换了三位老师，只有一位吴老师讲得不错；英文也是先后三位老师，一年级二年级两位老师抓得紧，三、四年级一位老师很不怎么样；数学也是三位老师（算术和代数一位，几何一位，三角一位），都不怎么样，特别是不要求交作业，大家也就不做练习了。（像这样有名无实的学校，当时大概不少。）赶后来我到苏州中学教书时候，情形就大不相同了，前后也只差了十年。

常州中学的课外活动小组倒是组织得很好，有国乐、军乐、工艺、陶器、书法、篆刻、银行等等。当时的音乐教师就是后来有名的大师刘天华，他后来被蔡元培请到北大的音乐传习所任教，有几个常中的学生跟了他去进修，后来都出了名。

常州中学是寄宿学校，哪怕你家在学校隔壁，也得住校。每天早晨有舍监来检查内务（当然没有人敢睡懒觉了），每天晚上熄灯之后有舍监来巡视，看有没有人讲话或是点蜡烛看书。星期天放假半天，一大早就校门大开，可是12点进饭厅以前要排队点名（平日进饭厅也要按班级排队，只是不点名），点名不到的要到舍监室去说明理由。这种半军队式的管理制度大概是清朝末年兴办"洋学堂"的时候从日本学来的，日本是否从德国学来就不得而知了。我觉得这四年住校生活还是很有好处的。第一是学会料理自己的生活。其次是学会怎样量入为出花钱。那时我除交学校费用（包括膳费）外，只有每月二元（银元）零用钱，必得精打细算。当时绝大多数同学都是很俭朴的，即使家里有钱也不敢在校内乱花。实在也没有地方乱花，学校没有小卖部，只在每天上午第二、三节课中间多休息五分钟（为十五分钟），让特约的一家烧饼铺进来卖烧饼。那时候，不是下雨天不看见有人穿皮鞋，自来水笔全校没有几支，抽香烟的学生也没几个，都只能到操场角落里去偷偷地抽，也没有瘾，打扑克之类的事情没听说过。允许在自习的时间以外下棋。

在中学的末一学期，为了考哪个大学很伤了一阵脑筋。我们班上有好几个准备考交大，也鼓动我考交大。我父亲要我考法政专门学校（相当于现在的政法学院），因为吃过打官司的亏。我自己想考文科，那时候很多青年受五四运动、新文化运动的影响，都准备献身文化工作。最后我还是照我的志愿报考东南大学的文理科。这个学校的底子是南京高等师范，改组成大学之后完全模仿美国的大学，采用学分制，文理科一年级不分系，并且把文理科的课程分五组，每组都要读六个学分，不管你主修是哪一系。我后来主修西洋文学系，系里的教授主要是吴宓和梅光迪，另外有一个英语系，系主任是张士一。这两个系的教师彼此看不起，影响学生。比如我就没有选英语语音学、英语会话、英语教学法这些课，后来出去教书很吃亏。吴宓教我们英国文学史和世界文学两门课，他没有多少自己的见解，可是对我们的阅读抓得很紧，把我们引进文学史的大门，这是应该感谢他的。梅光迪上课就骂胡适，另外就是宣传人文主义，反对新文学，我们不怎么爱听。我只是在一年级上过他一门英文选读，用作读物的三本书是：Kipling 的短篇小说选，Stevenson 的 *In the South Seas*，另外一本 *Selected English Essays* 这三本书对一年级学生来说是够得一呛的。他后来开过 Mathew Amold, Carlyle 等课，我都没选。我在大学里念的课相当杂，像印度哲学、比较宗教学这些课我们系里的同学没有人选的。所以我在一定程度上是个"杂家"，这对于我后来几次改变工作还是有利的因素。

我大学第四年是在北京大学借读的。起因是学校里为了换校长闹风潮，走了一批教授（其中包括吴宓，他的走与风潮无关）。到北大以后，住在学生公寓里，这种专供学生和小职员住的公寓很多，都在一些大学附近，我住的银闸胡同四号，就在沙滩对面。我在北京一年，可以说是见了点世面，接触到的人穷的、富的、洋的、土的、左的、右的都有，不过都没有交上朋友。这一年里（1925 年 9 月—1926 年 6 月）北京城里的两件大事是冯玉祥把溥仪赶出紫禁城，段祺瑞制造"三一八"惨案。1926 年 6 月我回南的时候，北伐军已打到湖北，京汉、津浦两条铁路都中断客运，我是坐轮船回南的。

这四年里我在读书以外，生活中有两件重要事情。一件是我父亲的去世，这是 1924 年夏天的事情。我父亲平常不大生病，这次是从镇江回丹阳的路上绕道去看我的三叔（丹徒县彭桥村），在那里住了一夜，传染了伤寒病，当时还没有青霉素等药物，这种病中西医都束手无策，就看病人能否抗过去。这样，我父亲刚到六十岁就去世了。这对于我们家庭影响很大。首先，我们弟兄三人不能都读书了，得有一个人参加同孚永纸号的工作。那时我二十岁，大学读了两年；四公公十六岁，中学二年；五公公十二岁，小学刚毕业。我母亲作主，让四公公辍学经商。

另一件事就是我进大学之后开始跟婆通信。我们的婚姻是旧式的。当时的青年很多（可说是大多数）是包办婚姻，有的是坚决反对，非解除不可，有的则设法会面或通信，培养感情，避免在家庭中闹得不可收拾。我们是走的后一条路，似乎也走对了。

公公
1986 年 3 月 30 日

（四）

大年、晓燕：

又有半个月没给你们写信了。你们 4/9 的信我们 13 日就收到了。晓燕工作觉得怎么样？忙？闷气？大年的学期结束了没有？三处家里的人都好。大舅肝炎复发，住解放军传染病医院，情况好转，黄疸已退了不少，主观感觉良好。

人大开了 19 天，12 号结束。完全没必要拉得这么长。这些天我倒比较安静，别人知道我在开会，不来找，而我是抱定半天主义，上午有活动则下午不去，下午有活动则上午不去。人大内容都已见报，改革当中遇到的问题在小组里谈了不少。我们本定 20 号前后去南边，可是社科院打招呼，说廿五六号要召开聘任（即提职）研究员的评审会，让我一定要出席，说是语言文学五个研究所合在一起开，可能发生挤名额的情况。这一下恐怕要在五一前后才能动身了。

现在接着前回的信，说说我毕业后头三年的情况，这三年在我的生活中也可以算是多事之秋。1926年暑假我毕业，就任县立初级中学的教职，教英语。这个学校是一年前创办的，校长陈兆蘅原来在江苏教育厅工作（科长？），在计划办这个学校的时候就已内定由他任校长，他曾经随口约我"帮忙"，我也随口答应，后来就成为事实了。1927年暑假，陈兆蘅被任命为省立徐州中学校长，丹阳县中有两位教员跟他去了，他知道我不会去，也就没约我。继任校长何金元是东大同学，只干了半年就被人家挤走了。继任的校长姓陈，他有一帮人，旧人只留下一个美术教员。恰好我有一个同学在苏州中学教历史，他介绍我到苏州中学教党义（三民主义），我没有别的出路，只好去了。又过了半年，就是1928年的暑假，丹阳县中那位陈校长又呆不下去了。教育局准备把在杭州安定中学教书的何其宽（丹阳人）请回来当县中校长，何其宽提出要我回丹阳给他当教导主任。我因为教党义没意思，也就欣然同意，于是回到丹阳县中。何其宽这个人办事认真，请教师不照顾地方势力，从外地请来三位好教师。那些地方势力自然不会让他好好干下去，想方设法捣乱，一个学期之后，何其宽不想干了，辞职，我也跟着辞职。

这么一来，我上哪儿去呢？也巧，东大同学胡梦华新任安徽第五中学校长，请我去"帮忙"。这个学校刚闹过风潮，赶走了校长，听说学生里边有共产党组织。这胡梦华是国民党安徽省党部派他去整顿这个学校的。可笑得很，他不敢到学校（凤阳）去，呆在省城遥控，派他的教导主任胡伯玄（丹阳人，东大同学）去坐镇。他请的教员倒是相当整齐，可是学生不理这一套，谁爱上课就上，谁不爱上课就不上，过些时忽然一下子全不上课了，过些时又零零落落复课。而且常常谣传学生要闹事，有一次确实是关上校门，不让教员和学生进出。连胡伯玄也不敢留在校内了，跑到18里外的临淮关去办公。就这样糊里糊涂过了一个学期，我算了一下，我上课的日子只有五十多天。学生怎么样也不肯就范，结果是提前放假。后来听说是又换了一个校长，教员也全换了，学生重新登记，并且省里派军队驻校协助，云云。

我回到丹阳家里，苏州中学又来信了，这一回是请去教英语，于是暑假之后我第二次到苏中，一直耽到去英国，共六年半（1929年暑假到1935年寒假），连1928年那个半年我在苏州中学整整七年。

我和婆结婚是在1927年5月。1927年是国家形势大动荡的一年，丹阳这地方也受影响。丹阳地方上有些豪绅势力，同时有地下党（共产党）。北伐军打到上海南京，丹阳的共产党发动一些群众捣毁了商会会长胡尹皆的家，胡家逃亡在外。不久蒋介石发动"四一二"政变，到处捕杀共产党人，胡家纠集一些农民进城捣毁国民党县党部（实际控制在共产党之手）。很快，右派控制的国民党大开方便之门招收新党员。丹阳也成立了临时县党部。原来的党员（亦国亦共）纷纷逃匿。这些事都发生在四、五、六三个月,正是我结婚的前后。并且因为我家与胡家有亲戚关系,我又与胡家弟兄有同学关系,我就没有法子不牵连进去。丹阳的临时县党部是五月中由驻军团长委任的,五个(或六七个,记不清)委员没一个是党员,其中有一个是我,其余也都是胡氏兄弟的同学,胡氏兄弟本人不在内。这是一出非常滑稽的 farce,其目的是占领这块地盘,免得被别人抢去。那几位同时去镇江活动,在镇江正式加入国民党,那时江苏省党部在镇江。然后在六月中由省党部派了个特派员来丹阳组织正式党部,我出来了,那几位都留下,另外好像还加了二三位。这以后我不去过问他们的事。

中国的封建社会,皇权在上,绅权在下。豪绅的势力或在一府,或在一县,或在一乡,也往往同一地方不止一个势力,有时共存,有时更迭。辛亥革命,去了一个皇帝,换来各省军阀;20、30年代,国民党集军权、政权、财权于一党,从中央贯彻到地方。1926、1927、1928、1929这几年是过渡时期,出现种种过渡现象,像丹阳这种混乱现象,我所听到的不止丹阳一个地方。

今天就写到这里。这封信的头上是前天写的,昨天接着写没写完,今天才完。这几天老有人来,都不为什么正经事,反而不如开会那十几天安静。明天我同你爸爸去参观书展,我有请柬。

祝你们安好!我们都好。

公公

1986年4月19日

(五)

大年、晓燕：

今天再接着讲一段我的故事——在苏州中学的六年半。我有时候和婆回忆往事，总觉得在苏州这几年是我们生活中最愉快的时光。那时候我们都还年轻，生活宽裕，小孩有人带，我的工作又顺心。我教书相当忙，但是精力旺盛，不觉得累。除教课外，还跟几位英语教员合编三本《高中英文选》，在中华书局出版。那时候，高中英语课缺少中国人自己编的课本，所以这部书销路很好。现在不容易看见了，有一年我在东四南的中国书店看见一本第二册，很想买来做个纪念，但是那一本太脏，只好算了。苏州中学高中和初中不在一处，高中部三个年级九个班，跟现在的重点中学比起来，规模差远了，可是学生里边还真出人才，现在很多知名之士都是那个时期的苏中学生（现在也都老了，很多退休了）。

我有一个时期兼图书馆主任，把原来的一个旧式的藏书楼改造成一个新式的图书馆，很受学生欢迎。详细情形我已经不记得了。去年收到苏州中学校史组的校史稿（油印），有一段记载很详细，说是不定期在校刊上刊出新书介绍88篇，短的一二百字，长的五六百字，有的只简述内容，有的还兼有评论。那里边举来做例子的书有：梁启超《要籍解题及其读法》、朱光潜《给青年的十二封信》、茅盾《子夜》、废名《莫须有先生传》、蒙文通《古史甄微》、陶希圣《西汉经济史》、黄凌霜《西洋知识发展史纲要》、柯昌颐《王安石评传》等，都摘录我对各书的评介文字。这些，我已经全不记得了，今天看起来，那些评介也还中肯，那时候我还不满三十岁，也算可以了。

可是，尽管我工作顺利，生活舒适，我还是不感到完全满足，总觉得应该在学术上有所成就。因此就有了1931年秋天到北京去的一个插曲。事情的起因是这样的：我的意图浦江清先生是知道的。1931年暑假中他写信告诉我，傅斯年要找一位懂点"国学"而又能写英文的参加《历史语言研究所集刊》的编辑工作，主要是给集刊里的文章撰写英文提要。浦先生就提起我，傅说见面谈谈再定。于是我就向苏州中学请两个月假，跟浦先生在八月中北上。到北京后才知道傅斯年出国去了，短期内回不来。恰好北平医学院院长徐诵明（此人60年代还在，其名见于报纸）托浦先生找一位图书馆主任，浦先生就把我介绍给他，我就走马上任。说起这个图书馆来真可笑，馆址是一个二层小洋楼，所有有用的医学书全借在教授们手里，久假不归，馆里只剩些无用的旧书，也没有几架。倒是有一屋子中文旧书，经史子集都有，记得还有一部大字本的《册府元龟》。图书馆里已有一位馆员（据说是院长的亲戚），终日无事，不知道为什么还要聘请一位主任。也许他有意整顿一下图书馆吧，可是又不跟我提起。我反正是骑驴觅驴，利用空闲翻译《文明与野蛮》（*Are We Civilized?*），本来已译了三分之一，现在把它译完。到了9月中旬，苏州中学的几位要好的同事知道我搁浅的情况，一再写信来劝我回南。正在这个时候，"九一八"事变发生了

（九月一十九日那天我正在参观北平图书馆的善本书展览，在会场听到这个消息，报纸上还没登），婆在家里也着急，写信催我回去。于是我就在9月底回到苏州。

苏州中学要我整顿（或者说是改造）图书馆，很可能是由这一段插曲触发的。而我到英国去不学文学或语言学而学图书馆管理，则又是更进一步的连锁反应了。

今天就谈到这里，下次谈去英国的事情。

公公

1986年9月6日

（六）

大年、晓燕：

你们的信和照片都收到了。家里都好，大舅各项指标都已正常。东东大前天回来，昨天回去。小樾有信来，各门功课都已考试及格，大专毕业了。她们这个班是不包分配的，工作要自己找。晓燕母亲身体恢复得很好，到我们这里来过几次。晓燕外婆就要来了。你们有事就写信来，不要打电话，说是不贵还是贵。

我从10月中在西山写过一信之后一直想写信，都让杂七杂八的事搞得鼓不起劲来。最近为了给大百科全书语言文字卷写卷头语"语言和语言研究"伤脑筋，我一直想推掉，可是推不掉，现在快要发稿，不能再拖了。从11月15日到11月26日，整整12天，中间耽误了几天，实际也有六七天用在这上头，一共也只写了八千字。我的经验，有材料，文章好写。没有材料，找话说，这种文章难写。我很佩服有些人能把一点点意思写成好长一篇文章。我这篇文章交出去之后，身上如释重负，也有了写信的心情。记得前回讲我的经历，讲到在苏州中学教书，今天接下去讲在英国的两年。

对出国留学的事，我并不热心，苏中的同事却比我热心。那时江苏教育厅设立久任教员留学名额，在一校任教五年的有资格应考。每年派送两名，一文一理，期限两年，可延长一年。1934年首次招考，1935年是第二年，苏中同事竭力怂恿我报名，我迟疑不决，他们就替我报了名。到时候去南京应试，还有一位同事陪我去。应试的是文科理科各两名，当然很容易录取了。一共就考三门：国文、英文、历史。国文是作文一篇，题目是"国防论"（可笑），历史记不清是三道题还是四道题，有一道是"王安石变法之得失"，英文是些什么题全忘了。

考试在7月，本可以赶在秋季开学（9月中旬？）前赶到英国，可是因为婆已怀了芳芳阿姨，我想等婆分娩了才出国，因此又在苏中教了一个学期。

1936年2月（春节后）从上海动身，坐的是意大利凡尔第侯爵号，是个万吨级的客轮，它有一种经济二等舱，价钱公道，中国人乘坐的很多。（另有一艘罗莎侯爵号，两船是姊妹船，设备相同，来往对开，行驶远东航线。）路上停靠香港、新加坡、哥伦坡、孟买、赛得港五处，停泊时间8—12小时，都在白天，因为是客轮，载货不多，所以停靠时间不长。在意大利布林迭西港稍停即开往终点威尼斯，住了一晚，换乘火车（国际联运）一天半就到了伦敦。路上共 23 天。

我到伦敦是 3 月末，离秋季开学还有半年。那时杨人楩放春假来伦敦，我就随他一块到牛津，到人类学讲座（不成系）听课，讲课的是 R. R. Marrett 老先生，我译过他的一本小书，带了一本送他，他很高兴。可是他讲课是念讲稿，毫无听头。倒是人类学博物馆收藏相当丰富，馆长 Balfour 年纪也不小了，人极好，每星期讲两次，边讲边看实物，很有道理。

在牛津认识了杨宪益（大家管他叫小杨，别于老杨杨人楩），那时他还没和戴乃迭结婚，都还是 undergraduate；钱锺书夫妇（钱锺书是 1934 年庚款生，杨绛是 1935 年去的）；俞大纲、俞大缜姊妹（俞大纲是庚款生）；还有向达，是北京图书馆派去研究敦煌卷子并摄影的。到牛津是为大学中文藏书编目。向先生的外号是向大人，是东南大学的高班同学，可是在校时不认识。

在牛津有三个月。因为没有正式功课，很轻松，也就容易想家。我向来不做诗（尽管学过），可这时候忍不住要写几首。1966 年"文化大革命"时把旧信旧日记都烧了，把这几首诗另纸过录，现在抄一份给你看看。你看了就知道我去年看你写回来的信里老说想家，是很能理解的。诗当然是很浅露因而是幼稚的。

　　　　追录一九三六年五月旧作，忽忽三十年矣（今又二十年矣）
　　　　花飞牛渚送残春，笑语难忘旧梦新。

好鸟枝头频相弄,"虚名误尔尔误人"。(牛渚谓牛津)

悔逐孤舟万里行,一春末敢听黄莺。
开缄省识伤心字,字字分明和泪成。

愧我本无肉食相,累君竟作贾人妻。
如棋世事浑难说,大错都从铸后知。

自古伤情惟别离,两边眼泪一般垂。
此身未必终异域,会有买舟东下时。

又六月病愈作
小极便增别后思,郊游应已换春衣。
于思未可揽明镜,病起维摩学写诗。

牛津大学7月初放暑假(他们管它叫 long vacation)。我和杨人楩去苏格兰旅游,在爱丁堡又有一位中国学生加入。夏天的苏格兰是很美的。

暑假后我回到伦敦。9月开学,我选了三门课(科班学生要读五六门):图书馆管理(地方图书馆、专业图书馆、地区和全国图书馆合作等等),参考书(英文的和欧洲各国重要的),分类编目。很多空闲,可以到 British Museum 去看书。这一年我住在 Gower St.,离学校(Univ. College)和 Brit. Mus. 都很近。房费也便宜，住宿（包括 service）和早晚两餐，每星期两镑（我们的官费是每月 20 镑）。在这里我住到 1937 年 9 月，就搬到西北郊的 South Hill Park，直到 12 月去巴黎。

1936 年寒假我去外省几个城市参观它们的图书馆，有一天在报上看见蒋介石被张学良、杨虎城扣留的新闻，估计到国内的政治形势将有巨大变化。1937 年"七七事变"的时候我刚刚考完。最初的抗战新闻在英国报纸上还不被重视，到了"八一三"之后上海打起来了，英国报纸也跟着热闹起来，好几家报社都派了特派记者作专题报道。在伦敦的留学生也动起来了，搞报告会，搞"义卖"。东伦敦的华侨（人数约一两千，远不如美国的唐人街）也很关心国内的战事，可是很少人能看英文报，因此我们几个人——主要是陆晶清（王礼锡夫人）、向达（此时也已经从牛津转到伦敦）和我，此外还有两个小青年帮我们跑腿，如买纸、送报（一个是李烈钧的儿子、一个是陈铭枢的儿子）。这几个月我们经常在黄少谷住处碰头（他那里地方比较大），交换国内来信情报、凑捐款等等。除黄氏夫妇，还有王礼锡夫妇、杨人楩（已考完学位考试）、蒋彝（画家）、熊式一夫妇（不常来），还有黄少谷的一些国民党朋友。

我这时候急于回国，尤其在知道家里人已离开丹阳之后。我在 1937 年的 12 月同向达一起离开伦敦到巴黎，在巴黎住了一个多月，我等法国轮船的船票，向达等英国蓝烟囱公司的轮船（向达是北京图书馆介绍给牛津大学图书馆整理中文书的，约定了来回的船票由牛津负担，必须是英国船）。我们还抽空去了一趟德国，一个星期跑了柏林、慕尼黑、德累斯顿三个地方，那时候希特勒为了争取外汇，搞"登记马克"，换价便宜。

我是1938年2月中旬从马赛上船的，4月初才到香港。上船之前已经得到家信，知道家里人已经到了长沙，所以我到香港第二天就到广州，第三天就坐上去武汉的火车。我到长沙的时候，吕程两家17个人已经离开长沙（长沙市已疏散人口），到了湘潭，住在湘江中间的一个极小的小岛，叫做杨梅洲。婆和她的哥哥程虚白到长沙来找我，长沙城市不小，旅馆不少，怎么找？也真巧，我到长沙就在街上遇到一个亲戚（我母亲娘家的一位表弟），他知道我住的旅馆，婆她们又在街上遇到他，这才找着我，一同去湘潭。在湘潭住了不到一个月，我得到浦江清的信，告诉我已经推荐给云南大学熊校长，让我去昆明找施蛰存。于是我们就和程家分开，我们经过香港、海防、河内去昆明，程家经过武汉去重庆。

今天就写到这里。

今天上午去参加一个汉字问题学术讨论会，见了商务的陈原，陈原送我一本《精选英汉汉英词典》，正是晓燕需要而我们在书店里没买到的（书刚刚出版）。你说巧不巧？

公公

1986年12月2日晚

（七）

大年、晓燕：

　　你们最近生活如何？大年的新课怎么样？Seminar 是什么内容？难不难？晓燕是不是进了什么学校或什么班？到底准备学点什么？要联系回来后做什么工作来考虑。如学教育，就要考虑换工作。如不换工作，还是把英文学好，看看英文刊物（时事以及读者文摘之类）。我这里有一本漂亮的日记本（也很实用），还有一个挂历，想等有便人带给你们。另有几句拉丁文，请大年翻成英文。

　　我去年一年由于年初腰痛，一直是随随便便过日子。今年要振作振作。语言研究有些题目工程太大，不敢尝试。想翻译一本讲思想方法的书，Susan Stebbing 的 *Thinking to Some Purpose*，翻成中文大约十二三万字，一天译一点，至多半年就能译完。

　　下面接着讲讲我 1938—1940 年的事情。先补叙在英国的一两件事。在为抗战筹款的义卖会上，我拿出两件东西，一件是吕凤子的画，一件是一方端砚，画没有卖掉，砚台第一天就让人买走了，可能是定价低了。这砚台和家里客厅柜子里的座钟两件东西是临离开苏州中学时同事胡达人拿来换我的 Shorter Oxford 的，他说"你到英国之后再买一本不费事"，结果我也没买。还有一件事，1937 年中秋节的时候，中日战争已经蔓延到上海，我们在国外过节很不是滋味，我那时身边有一本我译的《文明与野蛮》，拿出来送给向达，在扉页上题了一首七绝："文野原来未易言，神州今夕是何年！敦煌卷子红楼梦，一例逃禅剧可怜。"第三句指向达正在不列颠博物馆检阅所藏敦煌卷子，我正在研究红楼梦语法，觉得这些事情对抗战毫无用处。

我回国坐的是法国船，向达等英国货轮，没有同行，与我同船的是北京大学的潘家洵。他回到昆明，在联大教书，解放后调到文学研究所，现在还在，可惜二十年前就得了痴呆症。本来非常能说会道的一个人，变得呆若木鸡。他教基础英语（早先北大的预科英语），以发音见长，人家说他比 Daniel Jones 还要 Daniel Jones。

我回国先到湖南，找到家里人，绕道去昆明。此中经过，你妈妈的《在抗战中度过的童年》里有生动的叙述。到昆明后住在城东南的木行街，不久就遇到日本飞机轰炸昆明，那天下午我们去看一个中学老同学，他主持一个诊疗所，在他院子里看见许多伤员。这以后我们就搬家到晋宁县城。这是只有一个不很热闹的十字街的小城，只有赶街子的时候人多。城东门外有个盘龙山，有个庙，每年有一季香火旺盛，可是就在我们在那里的那一年，在香客中间发生伤寒病，波及城内居民（城里的饮水从山上来）。家住在晋宁，我住在昆明，过两三星期来回一次，有长途汽车（单干户）。有一次从晋宁回昆明没有汽车，跟戴良谟（东大同学，在联大教书）坐船航行滇池。先从晋宁城骑驴到昆阳，从那里上船，傍晚开船，天明到昆明。船上只有四五个客人，有人睡了，有人坐以待旦。戴良谟懂点天文，认得许多星，指给我们看。这一次夜航滇池给我留下的印象很深刻。我一个人在昆明，先是住在云南大学教员宿舍，与施蛰存同住。熊庆来校长有时候晚上来看望教授们，坐下来随便谈谈，很亲切。后来施和我搬出去住在文林巷（？）一个院子里，有两栋小楼。东边一栋，楼上三间，我和施住一间，另一位程先生住一间（也是云大教授），中间一间起坐；楼下是钱锺书（杨绛没来）和一位同乡顾某各住一间。西边一栋楼住的是杨武之一家，杨振宁就是那一年考上联大的。这是1939年，1940年房主人收回房子，我们搬到承华圃，这是翠湖西南隅的一个小巷子，很幽静，院子里有些花树，有一棵栀子花，夏天开花香极了。

我在云南大学的时候，中文、外文、历史只一个系，叫文史系。这个系里可有后来很出名的人物，有楚图南，有吴晗，有徐嘉瑞，有方国瑜（以上除吴晗都是云南人）。中文方面有闻宥（系主任）、施蛰存（还有徐嘉瑞和楚图南），外语方面是赵诏熊夫妇、由道（云南人、已故）和我。教书是赵诏熊比我强，可是他那一个班的同学跟他的感情不如我这个班的同学和我的感情好。闻宥（在宥）在1939年终应成都华西大学的邀请去主持中国文化研究所（哈佛燕京社的分支机构），系主任换了胡小石。到1940年暑假，闻宥拉我去成都，我因为昆明物价已经上涨，而成都还比较好些，就辞去云大的聘约，于7月初去成都。去的时候先坐中国航空公司（也许是欧亚航空公司，记不清了）的飞机到重庆，后坐汽车到成都。飞机很小，只容二十来人，相当颠簸。到重庆住了三天，天天有空袭警报、钻防空洞，重庆的市容一点没看到。

今天就说到这里。祝你们新春快乐。

公公

1987 年 1 月 15 日

图书在版编目（CIP）数据

书太多了/吕叔湘著.--增订本.--上海：上海文艺出版社,2020
（艺文志文库）
ISBN 978-7-5321-7763-9

Ⅰ.①书… Ⅱ.①吕… Ⅲ.①随笔－作品集－中国－当代
②杂文集－中国－当代 Ⅳ.①I267.1

中国版本图书馆CIP数据核字(2020)第129982号

发 行 人：毕　胜
策 划 人：黄德海　肖海鸥
责任编辑：肖海鸥
装帧设计：好谢翔

书　　名：	书太多了
作　　者：	吕叔湘
编　　者：	刘　广
出　　版：	上海世纪出版集团　上海文艺出版社
地　　址：	上海绍兴路7号　200020
发　　行：	上海文艺出版社发行中心发行
	上海市绍兴路50号　200020　www.ewen.co
印　　刷：	上海盛通时代印刷有限公司
开　　本：	890×1240　1/32
印　　张：	10
插　　页：	5
字　　数：	198,000
印　　次：	2021年1月第1版　2021年1月第1次印刷
ＩＳＢＮ：	978-7-5321-7763-9/G.0296
定　　价：	68.00元

告 读 者：如发现本书有质量问题请与印刷厂质量科联系　T：021-37910000